HUAWEI
华为通信科技
史话

THE HISTORY OF HUAWEI
COMMUNICATION TECHNOLOGIES

科技老兵 | 戴辉 著

人民邮电出版社
北 京

图书在版编目（CIP）数据

华为通信科技史话 / 戴辉著. -- 北京：人民邮电出版社，2021.12
ISBN 978-7-115-57594-4

Ⅰ．①华… Ⅱ．①戴… Ⅲ．①通信企业－通信技术－技术史－深圳 Ⅳ．①F632.765.3

中国版本图书馆CIP数据核字(2021)第207012号

- ◆ 著　　　　戴　辉
  责任编辑　赵　轩
  责任印制　王　郁　陈　犇
- ◆ 人民邮电出版社出版发行　北京市丰台区成寿寺路11号
  邮编　100164　电子邮件　315@ptpress.com.cn
  网址　https://www.ptpress.com.cn
  北京市艺辉印刷有限公司印刷
- ◆ 开本：720×960　1/16
  印张：15　　　　　　　　　　　　2021年12月第1版
  字数：236千字　　　　　　　　　2021年12月北京第1次印刷

定价：59.90元

读者服务热线：(010)81055410　印装质量热线：(010)81055316
反盗版热线：(010)81055315
广告经营许可证：京东市监广登字 20170147 号

序
Foreword

我和本书作者戴辉有幸亲历了中国电子信息科技的大发展，从落后到领先全球。

戴辉是一位科技史的记录者和传播者，他曾告诉我他非常想梳理华为通信科技的发展历程，数年努力，这本角度新颖的书终于出版了，在众多华为经管类图书中算得上一股清流。

这本书主要讲述了华为在无线网、核心网和传送网三大领域从零起步与成长的奋斗过程，其中也有中兴、烽火、大唐、震有等"友商"的身影。

通过戴辉这位"科技老兵"的视角，读者可以一睹世界电信产业史上多个伟大的历史关口以及各方力量的激烈博弈，我甚至亲历了其中的某些重要事件。

1990年，GSM（2G）完美接替"大哥大"（1G），开始在欧洲商用。几乎与此同时，中国运营商一步到位采用了全球最为先进的通信技术，后来逐步成为了全球最大的通信市场。

在世纪之交，欧洲开始发放3G牌照，经过数年发展，整个电信业界普遍认为3G要替代2G了，正如之前2G替代1G。然而，戴辉在菲律宾深度调研后提出了一个非常独特的观点——GSM依然是满足全球普通老百姓真正需要而且大家可以支付得起的通信技术——并成功挖掘出超大项目，引领了这个潮流。

随后，中国设备厂商开始在海外大力建设GSM基础设施，从"天涯海角"，到核心城市，全球又有数十亿人享受到了现代通信技术带来的巨大便利。

由于新用户的购买力普遍很有限，中国厂商自主设计的GSM手机因价廉物美而受到全球老百姓的欢迎，国内也诞生了不少优秀的方案设计公司（IDH）。除了连接入的手机之外，车联网和物联网的大发展，也很依赖 GSM 通信模块。

芯片的发展需要伟大的机遇。比如，美国芯片产业的发展动力来自个人计算机；日本芯片的最大动力则来自家电。谁也没有想到，中国现代芯片产业，最大的发展动力来自极具创新精神的 GSM 手机。

科技创新并无捷径。站在全局看，蓬勃发展的移动通信设备产业，先后促进了 GSM 功能机、智能手机产业在全球的迅速普及，而手机产业成功拉动了中国芯片产业的发展。

伴随成长的也有烦恼，本书介绍了华为发展过程中遇到的困难、历史关口的艰难决策以及成功路上的巨大挑战，这些内容对新兴科技产业的发展极具借鉴价值。希望大家能通过科技老兵戴辉的这本书，回顾过往、启发未来！

——手机中国联盟秘书长、爱集微创始人　老杏（王艳辉）

2021 年 7 月

前言
PREFACE

创新,一直都是华为的 DNA。华为过去 30 年获得的成功,是面向客户需求,在工程、技术、产品和解决方案创新上的成功。

四大维度构筑华为过往创新的成功

华为董事、战略研究院院长徐文伟在多次讲演中曾介绍,华为过往创新的成功源自四个重要基础:

华为始终遵循全球主流标准

英国广播公司(BBC)"故事工场"录制的 Who is Huawei 纪录片谈到了华为的成功经验。

任正非先生曾说道:"(是因为)我们坚持走国际标准组织 3GPP(The Third Generation Partnership Project,第三代合作伙伴计划)的技术路线。"

只有主流标准才能孕育大产业,才能成就领先者。从 GSM、UMTS 到 LTE,华为紧随 3GPP 的这条主流路线获得了成功,市场份额达到了世界第一。

今天,华为通过 3GPP 与其他企业、机构一起实现了 5G 的全球统一标准,共同推动了全球 5G 产业的发展。

华为在全球 400 多个重要组织中担任董事会成员,包括 IEEE-SA、BBF、ETSI、TMF、Linaro、OpenStack、OPNFV 和 CCSA,等等,并参与技术标准的制定。

始终面向客户需求的创新，是成功的根本

2005 年的欧洲通信市场，早已被爱立信、诺基亚、阿尔卡特等老牌厂家占领，很难再接受一个新的亚洲厂商。传统的 GSM 基站，大机柜都放在机房里，通过一根很粗的电缆（馈线），连到架设在房顶的天线上。欧洲有很多古老的建筑，已经没有空间再扩大机房增加一个 3G 基站。华为创造性地提出了分布式基站方案，通过光纤实现不同模块之间的连接，化整为零，不仅成本降低了，性能还得到提升。这个方案帮助运营商降低了 30% 的总成本（TCO），解决了欧洲运营商基站站址难找，安装困难，耗电和运维成本高等一系列难题。今天，分布式架构已经发展成为基站的常规架构。

2006 年，华为与沃达丰合作建立了第一个联合创新中心，从战略、产品方案、商业模式等方面深度合作，通过创新，共同应对行业面临的挑战和难题。2008 年，华为在业界率先推出了 SingleRAN 基站，支持 2G 和 3G 基站的合一。同年在德国通过整网搬迁工程模式获得了多达 8000 个 GSM 基站的项目，部分兼具 3G 能力。这一系列创新，都是由客户需求所驱动的。

舍得"砸"人、"砸"时间，"板凳"要坐十年冷

人才是研发创新的核心资源。哪里有人才，华为就在哪里建设研发中心，为他们创造更便利的条件。围绕着全球技术要素及资源，目前华为已在全球建立了 16 个研发中心，并和高校、企业等建立了 36 个联合创新中心、60 多个基础技术实验室，寻求在材料、散热、数学、芯片、光技术等领域的创新与突破。

多年来，华为在研发领域的投资不惜成本，不仅面向当下，而且面向未来，早在 1996 年就明确要求预研费用必须占研发费用的 10% 以上。

同时，创新不能急于求成，板凳要坐十年冷。华为的麒麟手机芯片，现在大家都知道，但其实早在 1991 年，华为就在研发第一枚芯片；在 2005 年，华为决定研发巴龙基带芯片。

尊重知识产权

华为的创新理念是开放式的。尤其对于突破性创新，光靠自己是不行的，因此要谋求合作，而合作的前提就是要尊重他人的知识产权，以及保护自己的知识产权。

一 创新的两大瓶颈

历史上，AT&T 公司将大量的利润投给了自己的贝尔实验室，使其得以招募最顶尖、最优秀的科学家，并很少对其有商业回报考核指标，这样人才可以心无旁骛地进行大量的基础技术研究，从而实现了诸多发明，为人类社会的通信事业做出了巨大的贡献。但是贝尔实验室成为设备供应商朗讯的一部分以后，用于基础技术研究的投资减少，转而追求投入产出比和短期商业成功……这也是整个电信产业目前面临的问题。

现在的创新，主要是将过往的理论成果通过技术和工程创新，转换成市场需要的产品。

所以说当前创新的根本瓶颈，是理论和工程瓶颈。

信息通信领域的基础理论—香农定理—是 1948 年提出的。进入 5G 时代，编码效率几乎达到了香农定理的极限。另外，摩尔定律驱动了信息通信产业的高速发展，以前，CPU 性能每年提升 1.5 倍，未来可能只能达到 1.1 倍了，信息通信产业的发展也遇到了工程瓶颈。

任正非先生在 2016 年全国科技创新大会的发言中提出：华为现在的水平尚停留在工程数学、物理算法等工程科学的创新层面，尚未真正进入基础理论研究。重大创新是无人区的生存法则，没有理论突破，没有技术突破，没有大量的技术积累，是不可能产生爆发性创新的。华为正在本行业逐步攻入无人区，处在无人领航、无既定的规则、无人跟随的困境，创立和引导理论的责任已经到来。

一 华为从创新 1.0 发展到创新 2.0

1991 年，华为决定自己开发面向电信局的程控交换机。当时一没技术，二没人才，三没资金，在这种情况下，华为从最简单朴素的思考逻辑出发，认为交换机就是拨出一个号码，收到以后并接通，然后对方进行通话的过程。基于这么一个简单的逻辑，华为利用最先进的 CPU（Intel 386）和当时最先进的 C 语言，写出了一个嵌入式操作系统的雏形。

这就是基于客户需求的技术和工程、产品和解决方案的创新 1.0 时代，实现的是从 1 到 N 的进步。

华为董事、战略研究院院长徐文伟在多次演讲中介绍：我们可预见的未来的智能社会将会具有 3 个特征：物理世界的万物皆可感，并转变为数字信号；所有数据在线连接，使万物互联；基于大数据和人工智能的应用，将实现万物智能。

面向未来，华为的创新将迈向基础理论突破和基础技术发明的创新 2.0 时代。其核心理念是基于对未来智能社会的假设和愿景，打破制约信息与通信技术（ICT）发展的理论和基础技术瓶颈，是实现从 0 到 1 的革命性进步。

理论突破和技术发明的不确定性非常高，这种不确定性就决定了封闭的创新没有出路。

华为创新 2.0 的理念是"开放式创新、包容式发展"。开放式创新，强调的是共享，利用能够触及的所有资源，聚集科学家和其他的伙伴，在全球统一的标准或者统一的趋势中共同创新；包容式发展，强调的是分享，也就是说，创新或研究成果可为全人类、全社会所分享。

1 千克的设备，就可以将现在全球所有的数据存储起来，保存期限超过 1000 年。这就是"DNA 存储"，源自生物医学工程领域。

在目前特殊的国际形势下，华为将进行一系列的战略转型，这是一次新的历程。

目录
CONTENTS

001 第一篇　华为移动通信技术创新与市场博弈

  003　第 1 章　GSM 提升人类文明水平，中国产业崛起

    003　移动通信的起源

    006　中国市场选择了 GSM，是改变世界的关键

    009　华为率先走出了 3G 迷雾，大干 GSM

    010　CDMA 为什么输给了 GSM

    011　光传输助攻 2G

    011　GSM 大大推动了全人类文明的发展

    012　GSM 带动了中国手机和芯片的发展

    014　为什么 3G 如此煎熬

    015　WiMAX 与 LTE 的世纪大战

    017　TD-LTE 给中国参与制定 4G 标准带来宝贵机会

  019　第 2 章　无线"农话"，初尝胜利滋味

    019　华为初立无线研发部

    020　服务乡村，诞生 ETS450 "农村大哥大"

    020　1998 年救灾，ETS 450 绽放光芒

    021　CDMA450，迈向数字制式

022　第 3 章　突破 GSM 技术，开启华为的远征

024　远征起点

027　西方公司积极行动，对华为围追堵截

028　福建 GSM 项目，远征的终点

029　第 4 章　GSM 增值业务爆发式成长

029　神州行预付费业务大爆发

031　短消息业务崛起

031　腾讯、新浪等互联网企业"绝处逢生"

033　第 5 章　GSM 基站转战偏远农村

036　第 6 章　无线市话一再失败

039　第 7 章　CDMA 再受挫

042　第 8 章　GSM 走向海外，初获成功，随后面临巨大压力

043　海外首个千万美元项目，开创 GSM 新纪元

043　"新丝绸之路"

043　从印度出发，开启与摩托罗拉合作的灿烂历程

045　华为在东南亚市场的突破

047　非洲 GSM 市场，在跨国运营商 MTN 上获得突破

049　中东和北非的 GSM 突破

049　拉丁美洲的 GSM 突破

050　移动国际行销部荣获总裁奖

051　海外需求推动了 GSM 的研发

051　压力接踵而来

052　第 9 章　3G 的艰难突破

052　3G 在迪拜与中国香港起步

056　3G 分布式基站创新使得全球基站的结构从此改变

057　欧洲抢滩失败，被赶下海

058　徐文伟去欧洲

058　沃达丰 3G 抢滩成功

059　拓展商业模式

061　第 10 章　戴辉孤身拓展马尼拉 GSM 项目成为转折点

061　全球都为 3G 所吸引，认为 GSM（2G）会迅速消亡

066　建立超高密度城区的网络规划能力

067　华为后续在菲律宾市场签订了超大型合同

068　中国公司不同的重点产品策略

069　第 11 章　华为下决心努力拓展海外 GSM 市场

069　世界集体误判，华为率先冲出

070　拉丁美洲转网机会

071　中东和北非的新网机会

072　Turnkey 工程能力的极大提升

073　在印度市场寻找低成本交付模式

075　内部产品线调整，核心网与无线分开

075　聚焦国际运营商与高价值运营商，创造新商业模式

078　第 12 章　GSM 与 3G 融合 SingleRAN 大突破

078　双密度基站大幅降低 GSM 基站成本

079　华为在全球率先实现多载波技术

080　华为以 SingleRAN 技术超越对手，并在德国市场率先取得巨大成功

081　欧洲移动市场的三大突破

082　2008 年余承东接班欧洲市场

083　第 13 章　2007 年，华为大规模开拓国内市场

083　成都整网 GSM 搬迁项目

084　大规模进入三大运营商的 2G 网络

084　汶川救灾

085　登上珠峰

087 第 14 章 中国发放 3G 牌照，中国移动强推 TD-SCDMA

087 中国的 3G 牌照发得很晚，对民族产业很有帮助

088 3G 找到了盈利模式

089 中国发放 3G 牌照，改变了整个电信格局

091 华为和中兴差距的由来

092 第 15 章 几次金融危机成就了华为

092 东南亚金融危机与日本设备商的衰落

093 泡沫破灭，西方运营商和供应商陷入危机

094 西方公司合并

096 第 16 章 华为大力参与 4G 研发

096 4G 放量增长

097 华为参与 4.5G 标准的制定

098 华为专利与标准经验

099 4G 及之前，中国通信业与美国互联网业战略合作

100 第 17 章 华为的 5G 与 6G

100 5G 的标准和专利博弈，华为进入核心

102 和土耳其阿勒坎教授合作 Polar 码

103 从 3G 的多年煎熬中汲取教训，5G 的投资回报大大改善

104   3G/4G 改变生活，5G 改变社会

105   5G 推动手机和芯片业的发展

106   OpenRAN 会使主流 5G 厂家相互竞争吗

107   5G+ABCD

108   第 18 章   如何面对全球挑战

109   中国大建 5G，缓解了华为第一次受限

110   新冠疫情让华为第二轮受限

111   合作制定 5G 标准，华为与高通达成协议

111   6G 开启

115   第二篇   华为核心网的六生六世

    120   第 19 章   一步到位，中国引入先进数字程控技术

    123   第 20 章   国产程控交换机群体突破

    125   第 21 章   从代理到自研，华为的第一桶金

    125   香港的电信创新

    126   华为被迫开始自研

    127   立项开发 HJD48

    128   华为第一颗芯片在徐文伟手上诞生

第 22 章　华为的踏脚石——JK1000 程控交换机

131　用小投入,进入电信局用交换机大市场

132　第一套操作系统与工业级主控板研制成功,开创新时代

135　在一年多的窗口期,赢得了第二桶金

135　水平不够,服务来凑

第 23 章　做到极致的数字窄带交换机

137　平行开发,逐步推进

139　自研数字程控交换机

139　万门机是道大坎,中国出现了"巨大金中华"

140　借助新业务,华为进入大城市

142　和上海贝尔开战,在接入网市场获得巨大战略胜利

143　群雄迭起,人才成为核心竞争力

144　信令转接点(STP)获得巨大成功

145　C&C08 iNET——"地表最强"窄带数字程控交换机

146　GSM 移动交换系统迅猛突破

147　IPD 的一个教训

第 24 章　全面 IP 宽带化,先抑后扬软交换

148　中国电信 NGN 惨败,IP 软交换架构绝处逢生

149	移动通信也用上了软交换技术
151	从卖货到授权，商业模式发生变革
151	固定交换与移动交换侧合并成核心网
152	中国电信与华为的情谊

153　第 25 章　IT 与 CT 融合，率先实现 IMS 架构

156　第 26 章　云化——软件和硬件彻底解耦

| 157 | IT 和 CT 融合，成为 ICT |
| 158 | 5G 核心网成为全球关注的热点 |

159　第 27 章　华为操作系统演绎

159	自研 JK 1000，开创操作系统
160	C&C08 继承并发展了 JK 1000
160	C&C08 嵌入式实时操作系统
161	嵌入式 Linux 操作系统
161	云计算操作系统 Fusion Sphere
161	服务器操作系统 EulerOS
161	物联网嵌入式操作系统 LiteOS
162	鸿蒙操作系统

163　第三篇　华为光传输和数据通信的自我超越

　　165　第 28 章　光传输的意义

　　167　第 29 章　"光纤之父"高锟

　　171　第 30 章　中国光传输事业的起步

　　174　第 31 章　华为光传输的起步：SDH

　　177　第 32 章　从 2.5Gbit/s 到 10Gbit/s

　　179　第 33 章　光传输撬开海外市场大门

　　182　第 34 章　技术突破，传输距离越来越远

　　184　第 35 章　光传输芯片的开发，大大提升了产品竞争力

　　186　第 36 章　移动时代，引领全球光传输的发展

　　189　第 37 章　华为进入光芯片制造领域

　　190　第 38 章　北电光传输的没落

　　193　第 39 章　海缆业务成功出售

　　　　195　华为海洋出售给了亨通光电

　　196　第 40 章　IP 微波业务弯道超车

　　198　第 41 章　光传输与 IP 结合

　　200　第 42 章　CERNET 开启中国的信息高速公路

203	第 43 章　华为数据通信业务的起步
204	研发数据通信，同时做 ATM 和 IP
205	ATM 开发有贡献
206	ATM 和 IP 进行竞争
207	第 44 章　ICT 领域黑马频出
208	第 45 章　华为企业 BG 的成立与突破
209	数据通信取得市场突破
210	华为率先推出基于 NP 的敏捷交换技术
211	SDN 的挑战与机遇
212	第 46 章　物联网与连接卫星实现"全连接"
212	中国物联网其实起源于很久以前
213	华为以华为园区为客户，发展出物联网业务
215	从智慧园区又扩展到了智慧城市
216	适配卫星通信补齐"全联接"的最后一环
220	后记

第一篇

华为移动通信技术创新与市场博弈

30 年前，如果谁的家里能安装一部固定电话，不仅能给生活带来实实在在的便利，甚至能让邻居羡慕不已。现在，则人手一部智能手机，很多人家里可能连固定电话都没有了。30 年的时间，从固定网络到移动网络，人类的通信已经摆脱了线缆的牵绊。

"有线"的机会是有限的，"无线"的机会是无限的。华为与时俱进，将业务核心从"有线"转移到了"移动"。

在 2000 年和 2007 年两次金融危机前后，华为在全球移动通信系统（GSM）全球市场中占据了优势地位，进而在 3G/4G 升级期间获得了丰厚的收入和利润。

从 2006 年开始，华强北自主设计机崛起，中国的芯片产业与手机产业也赢得了难得的发展机遇。

工业和信息化部前任部长苗圩曾表示，我国移动通信产业历经"2G 跟随、3G 突破"，实现了"4G 同步、5G 引领"的历史性跨越，5G 标准必要专利数量全球第一。

我作为最早的国产移动通信设备市场人员之一，以及最早的海外市场拓展人员之一，亲历了世界无线通信发展史中的惊心动魄与跌宕起伏，也有幸在一些节点上亲身参与创造历史。我希望通过这本书，可以让读者看到科技创新如何带来更大的成功，还可以看到商业模式创新和战略决策的过程。

中国的移动通信设备造福了全球的老百姓，世界上的无数人也因此进入电子信息时代，"数字鸿沟"缩小了，人类文明的水平获得了很大的提升。

从前是，云中谁寄锦书来？以吻封缄（sealed with a kiss）。

现在是，天涯若比邻，世界成为一个村落（global village）。

第 1 章

GSM 提升人类文明水平，中国产业崛起

一 移动通信的起源

移动通信（mobile communication）与无线通信（wireless communication）的含义是有区别的，后者包括了前者且更加广泛，本书对二者不做严格区分。具体就华为的技术而言，2G/3G/4G/5G 的系统和手机都属于移动通信，无线通信则除了这些技术之外，还包括无线本地环路（早期）、Wi-Fi、微波、卫星通信回传（合作）等。

谈起移动通信的起源，人们都会提到第二次世界大战期间摩托罗拉公司的前身高尔文制造公司生产的无线通话设备，其中有两款很有名：一款是 SCR 536，世界上第一款手持对讲设备，大兵们称其为 Handie-Talkie，重约 2.3 千克，通信距离最远 1.6 千米，在树林里会衰减到两三百米；另一款是 SCR 300，爱称为 Walkie-Talkie，重约 16 千克，需要背负，通信距离可达 16 千米。

在朝鲜战争期间，位于南京的 714 厂在短时间里就研制出了 71 型报话机（功率为 2 瓦）的样机。这款机器需要背负，通话距离与 Walkie-Talkie 不相上下；使用特制的 D71 型组合型电池，设备可连续工作 30 小时；采用辐射叶鞭状天线，可

通报 40～50 千米（发莫尔斯码电报），通话距离为 10～22 千米。在电影《英雄儿女》中，英雄王成身上背的就是 71 型报话机，在电影《攀登者》中展示的无线对讲设备也是这个类型。

同样是在朝鲜战争期间，天津无线电厂研制出了 702 型步谈机。它的特点是体积小、重量（术语为质量）轻、用电省、成本低，可以抱在怀里（但电池还是要放在背包里）。当然，它的通话距离比 71 型要短。在电影《上甘岭》中，通信员大喊"李庄，李庄"时，用的就是这款设备。

71 型报话机

1946 年 6 月 17 日，世界上第一通车载无线电话拨通。为了完成这项创举，包括 AT&T 公司首席执行官（CEO）在内的一群贝尔实验室工程师耗费了 10 年时间。

两年之后，美国有近百个城市开通了车载无线电话服务，当时的主要用户是公路警察。这个电话服务是通过无线基站来接续的，并且可以直接打通固定电话。这是一个非常巨大的

702 型步谈机

进步，它意味着无线通信进入了可运营的时代。

此时的通信机制采用的是大区制，缺点是容量很小且受限。若要扩大容量，就要引入蜂窝制，也就是需要实现频率复用。

任正非在《耐心培育基础专利》一文中曾经说道："1958 年上海邮电一所就提出了蜂窝无线通信，这是现代移动通信技术的基础。同年，贝尔实验室也向美国联邦通信委员会（FCC）提出了此类建议……"

1973 年 4 月 3 日，第一部移动电话于美国摩托罗拉实验室诞生。发明者马丁·库帕（Martin Cooper）在联合国总部的附近，用手持机拨通了贝尔实验室同行的电话。

车载无线电话

1978 年，贝尔实验室开发了名为"先进移动电话系统"（AMPS）的系统，这是第一种真正意义上具有随时随地通信能力的大容量蜂窝移动通信系统。不过，当时的美国政府没有觉得这样的发明有多大的意义。

移动电话发明者马丁·库帕

直到 1983 年，AMPS 才在芝加哥建成了蜂窝移动通信网，并向公众开放。

至此，面向公众的移动通信开始发展。回首历史，我们现在称这种基于模拟的蜂窝通信为第一代移动通信（即 1G）。

不过，1G 主要是给消防员、救援队员等专业人士使用的，老百姓用得很少。

短短 4 年之后的 1987 年，砖头大小的"大哥大"来到了广东。当时一部这样的移动电话要卖 20000 多元，光是入网费就高达 8000 元，只有豪门巨富才能拥有。

它与"大哥大"一样，采用全入网通信系统（TACS）制式。

中国的 1G 基站是由爱立信和摩托罗拉两家建设的，核心网还是直接使用固定数字程控交换机。用户使用漫游业务后，话单要一段时间之后才能收到，如果用户恶意透支，运营商难以防控。1G 缺乏鉴权手段，诞生了"孖机"的罪恶。此种手机类似于简单的双工无线电台，通话时锁定在一定频率，所以使用可调频电台就可以窃听通话。空中接口是模拟的，可以提供的容量小。2G 是数字系统，容量提升，对漫游、鉴权和加密进行了更好的技术处理，这时就需要建设单独的移动核心网了。

1G 在中国的应用长达 14 年，用户数最多曾达到 660 万。

中国市场选择了 GSM，是改变世界的关键

1G 通信存在着众多互不兼容的标准：除了美国的 AMPS、光是在欧洲就有北欧移动电话（NMT）、全入网通信系统（TACS）、C-450、Radiocom 2000、RTMI……

1987 年 7 月 1 日，《单一欧洲法案》生效，欧洲共同体（欧盟的前身）发展不错。欧洲大陆国家众多，车辆和人员的来往也较为频繁。

欧洲共同体内几个发达国家的电信技术官员曾聚在一起讨论如何在模拟移动通信上统一频段和制式，方便漫游。但 1G 通信网络木已成舟，所以大家决定另起炉灶，在下一代数字移动通信网络上统一标准，具体工作由 1982 年成立的一系列"移动专家组"负责。GSM 是"移动专家组"法语 Groupe Spécial Mobile 的缩写，后来这一缩写的含义被发展为"全球移动通信系统"（Global System for Mobile Communications，我们常称其为 GSM）。

为了让尽可能多的企业参与进来，GSM 标准几乎没有在专利上进行限制。生产过 GSM 设备的公司有爱立信、诺基亚、西门子、摩托罗拉、阿尔卡特、朗讯、北电、意达太尔（意大利）、马可尼（英国）等，中国有华为、中兴、大唐等。日本企业走个人数字蜂窝（PDC）系统路线，韩国企业走码分多址（CDMA）路线，它们在早期没有参与，后来做了 GSM 手机。华为轮值 CEO 郭平说起他加入华为之前，

（毕业）被分配到武汉华中电管局（也叫邮电管理局），科长说小郭好好干，过些年给你一次去意大利出差的机会，买三大件、八小件可以免税。当然，他没有去那里，而是在研究生期间的1988年来华为实习后直接留在了这里。

高通创始人之一的"CDMA之父"安德鲁·维特比（Andrew Viterbi，又译作安德鲁·维泰尔比）在1967年于加州大学任教期间发明了"维特比译码算法"。这是基于卷积码网格图的最大似然译码算法，他没有就此申请专利。经过后人持续发展之后，该算法在GSM编码中起到了重要的作用。这个算法之于GSM，有点类似于土耳其的埃达尔·阿勒坎（Erdal Arikan）教授发明的极化码（Polar码）之于5G。这也证明了，大学和企业一起进行头脑风暴能产生硕果。2019年10月，我在北大听了华为战略研究院院长徐文伟做的"从创新1.0模式发展到2.0模式"的报告，实际上，华为一直在与各高校在基础科学上进行合作研究。

1990年，第一版GSM标准发布。1991年7月1日，全球首个商业网络GSM呼叫在芬兰运营商Radiolinja的网络拨通。亚洲最早的GSM网络运营商是香港移动通讯有限公司（1993年）。

尽管在2G标准上统一了制式，但欧洲的GSM用户并不多。原因很简单，欧洲老百姓并不怎么用手机。早年欧美国家的固定网络非常发达，办公室里有电话，家里有电话，马路上还有很多公用电话，如果需要也可带个寻呼机（pager）。在欧美老电影里，我们经常能看到主人公使用录音电话和公用电话，这与老港片里人们经常当街掏出"大哥大"形成了鲜明的对比。

传统的大型固定网络设备供应商，如朗讯、北电、西门子、阿尔卡特等，对固定网络是非常重视的，这是他们吃饭的本钱，因此对移动网络就相对不是那么重视；高通此时还在襁褓之中（1985年成立），谁也没有想到，其后来会成长为巨人。

众所周知，无线巨人摩托罗拉在寻呼系统（paging）和大哥大（1G）领域都获得了成功。20世纪时，在西方世界，手机主要是专业人士使用或者在没有固定网络覆盖的偏远区域使用，这就为摩托罗拉做铱星近地通信增加了动力。它主要服务专业人士，而非大众；其手持机在室内的时候也基本收不到信号。当然，科技是不断进步的，如今，马斯克创立的SpaceX公司可以为居住在地广人稀地区的人家提供无线宽带接入，但因终端接收天线有比萨饼那么大，且因要不断跟踪卫星导致耗电大，所以无法替代可以随身携带的手机。有道是"（铱星）领先三步成先烈，（SpaceX）领先一步是英雄"。

北欧的冬天是冰雪世界，而且地广人稀，无线覆盖非常重要。总部在北欧的爱立信和诺基亚将 GSM 视为弯道超车的好机会。在看到 1G 在中国市场的火爆以及老百姓对于移动通信的酷爱后，他们积极地争取中国市场，并成功地将 GSM 推广到中国。

1993 年，当时的中华人民共和国邮电部战略性地选择了 GSM 制式来建设 2G 网络，这是决定 GSM 未来的里程碑。新成立的中国联通同样采用了 GSM 制式。

紧接着在浙江嘉兴，GSM 进入试商用阶段，用的是阿尔卡特的设备（上海贝尔是旗下合资公司）。当时人们发现，GSM 基站的覆盖距离还不及以前的"大哥大"网络，因此需要规划和建设更多基站。

1994 年，广州率先大规模引入了 GSM 网络，容量为 5 万门，使用全网爱立信设备。中国人给它取了个喜闻乐见的名字——全球通。

中国如此巨大的市场，必将孕育出巨大的产业，这就是中国移动通信业崛起的大背景。中国伟大的手机产业以及大规模的芯片产业也是从 GSM 时代开始起步的。

1995 年，全球 GSM 用户达到 1000 万，中国用户占了 1/4 左右。

1997 年 7 月 17 日，中国移动第 1000 万个移动电话客户在江苏诞生；1998 年 8 月 18 日，中国移动用户突破 2000 万。

1999 年开始，国产品牌 GSM 手机进入市场。

2000 年，中国已有上亿的 GSM 用户，中国移动一跃成为全球最大的运营商。手机在人类历史上第一次走入了如此众多的寻常百姓家。

欧洲有众多跨国移动运营商，如覆盖欧洲诸国的沃达丰（Vodafone）、西班牙电信（旗下有 O2）、德国电信（T-Mobile）、法国电信（旗下有 Orange）、挪威电信、Millicom 等，它们纷纷将 GSM 带向了全球，并在亚非拉地区广泛布局，这也是欧洲主推的 GSM 风靡全球的一个原因。新加坡电信、中国香港的和记电讯等亚洲跨国运营商也都进入了这个市场。

有意思的是，盛产跨国公司的北美洲，却没有出产大的跨国电信运营商，无论是美国的 AT&T、Verizon、Sprint，还是加拿大的 Rogers、Telus、Bell，业务都始终局限在北美洲。这也是北美洲主导的标准——无论是窄带 CDMA，还是 WiMAX——在国际市场上始终没能做大的重要原因。

南美洲的部分运营商一度采用了北美洲的 2G 制式，但从 2006 年开始，因为 GSM 不可阻挡的普及优势而纷纷倒戈。

华为率先走出了 3G 迷雾，大干 GSM

任正非在 BBC 录制的 4 集纪录片《华为是谁》中，对华为的历史进行了非常精练的总结。华为的成功，最关键的原因是坚持走 GSM 路线；在国内市场受阻的情况下，毅然走向海外，并在全球占领了很好的格局。

说 GSM 是一场"革命"一点也不过分，GSM 是有史以来对世界电信格局影响最大的技术。

同代的 DAMPS（Digital AMPS，美国）、PDC（日本）纷纷被 GSM 斩于马下。窄带 CDMA 技术在奋战之后也最终败北，只有宽带 CDMA（WCDMA）技术成功用于 3G 之中。只不过在相当长的一段时间里，连 3G 技术也对 GSM 无可奈何。

华为的 GSM 基站从诞生之日起，就持续被西方企业围追堵截。

2004 年，关于 3G 的呼声越来越高，业界普遍认为 GSM 即将被 3G 全面替代，华为也在阿联酋和中国香港地区应用了 3G，但用户不多。

反观华为的 GSM 基站业务，则是长期亏损，一直靠核心网补贴，更可怕的是看不到未来。华为毕竟是个商业企业，所以放弃了 GSM 新产品研发。市场中有一个说法：GSM 基站将逐步退网，所以不要卖 GSM 基站了，要卖就卖 3G！

2004 年 9 月，我孤身一人来到了菲律宾，并于 2005 年拓展出了将马尼拉无线网络整体搬迁的商业模式。

巨大的收益让华为顿然从 3G 迷雾中惊醒过来：GSM 不仅不应该淘汰，而且还应该加强建设！2006 年，胡厚崑率领华为销售服务体系迅速调转枪头，在埃及、巴基斯坦、巴西等 GSM 市场获得了较好的市场地位。在中国国内，华为在成都移动做了以前连想都不敢想的整体搬迁，并成功割接。

2008 年，在徐文伟的领导下，华为在德国搬迁并新建了多达 8000 个 GSM 基站（部分有 3G 功能），这也是单一无线接入网（SingleRAN）技术第一次成功应用。

如果华为当时不是投入开发 GSM 市场，而是被动等待 3G 到来，再去与西方公司分羹的话，也就无法取得今天的成就。

华为完美地抓住了这个契机，坚持走 GSM 路线，占据了格局上的优势，随后在 3GPP 的 3G 标准 UMTS（通用移动通信系统，采用 WCDMA 技术）和长期演进技术（LTE）升级上获得了巨大的收益，并成为全球第一大通信设备供应商。2G/3G/4G 三者在无线技术上是紧耦合的，华为 2008 年推出的 SingleRAN 将三者融为一体，实现了更好的网络覆盖，掉话率更低。

2012 年，华为 GSM 设备的年销售额还有 30 亿美元。即使到了今天，GSM 依然被广泛使用，中国移动的电话业务大部分还在采用 GSM 信道。

过去 30 年里，在全世界范围内，再小再弱再新兴的 GSM 运营商，因为 GSM 的频段是稀缺资源，最终也都成了主流运营商或者成功地将其卖给了主流运营商。

CDMA 为什么输给了 GSM

技术上，CDMA 和 GSM 两者各有特点，在此无须赘述，真正决定成败的还是时机与开放性。尽管 CDMA 技术相比 GSM 更为先进，不过也没有宣传上那么大的优势，或者说老百姓也并不那么介意 CDMA 手机的辐射更小一些。

首先，GSM 在 1991 年开始商用，而 CDMA 的商用进度大大落后于 GSM，这是至关重要的。

其次，最初设立 GSM 标准的时候，制定者是坚持开放且基本上是免费的，产业链因此发展得很好；而 CDMA 的核心知识产权被高通垄断，全流程收取"高通税"。

另外，在 2G 领域，美国国内有多个标准在竞争，分散了力量。由 1G 的 AMPS 升级而来的 DAMPS 制式（1993 年诞生）在美洲曾最为普及（也常被称为 TDMA），美国 AT&T、加拿大 Rogers 起初都在使用该制式。基于集群延伸开来的综合数字增强网络（iDEN）制式（摩托罗拉）也被美国的运营商 Nextel 使用，在物流车辆中就用得很多。

初生的高通推广 CDMA，尽管该技术更为先进，但起初并未得到美国市场的重视，实际上它是在亚洲运营成功之后才杀回美国的。

在 2000 至 2007 年，3 个 3G 无线技术都没有发展起来，高通收不到什么专利费用。如果 2G 的 CDMA 不收钱，那些年高通就会大幅亏损。所以高通在 2G 的 CDMA 阵营里持续高收费，最终使得这个阵营崩溃。CDMA 阵营的北美洲厂家，如朗讯、北电、摩托罗拉因此非常受伤。

光传输助攻 2G

美国提出的信息高速公路设想，却在中国突飞猛进地发展起来，其核心就是光纤通信。20 世纪 90 年代后期，伴随着公路和铁路的大力建设，光传输技术在中国异军突起，并成为基站的回传（backhaul），因此，每个城市、每个乡村都可以建设移动通信基站。华为在偏远农村推广的边际网小基站，基本上也是光纤接入，于是老百姓可以方便地使用手机了。1998 年，我拿着手机回到老家，站在晒谷坪里大声打电话，引无数人侧目！

GSM 大大推动了全人类文明的发展

目前，中国移动的全球通业务（GSM 技术）还在运营，并没有退出时间表，毕竟还有那么多老人机和物联网终端在线，而且人们在用移动手机打电话时，多数还是用的 GSM 信道，少数是 VoLTE（长期演进语言承载）。

从前，全世界的很多地方都是没有电，更没有电话的，通信基本靠吼，交通基本靠走……

2001年我去印度时，那里的电信渗透率只有0.3%。扣掉城市，农村则基本上没有电话，仿佛还停留在没有电的时代。

亚非拉的广大地区先是有了GSM基站（有信号），然后老百姓有了价廉物美的多功能手机。无数偏远地区的老百姓本来还在刀耕火种，现在突然一下子有了GSM手机，进入了现代社会，这堪称人类文明史上的一个巨大进步。

老百姓再也不用走尽山道到城里排长队打长途电话，再也不用数着字儿拍电报了。无数人的第一个电话、第一条数据信息（短消息）、第一张数码照片、第一个玩的电子游戏，都来自于GSM手机。

在欧洲，家庭固定电话有救生索（life line）功能，必要时可叫救护车和报警。在亚非拉地区，则是GSM手机率先承担了这个职责。人们有什么急事，也可以打电话求援了，你还记得在《无人区》里徐峥爬到树上打电话的情景吗？

如果发生突发事件，如疫情、地震或海啸、孩子走失、犯罪事件，相关的紧急信息都可以结合地理位置，通过广播短消息第一时间通知附近区域的所有人。当然，做假基站乱发广告的人要绳之以法。

— GSM带动了中国手机和芯片的发展

联发科和展讯早在2004年就做了GSM基带，不过早期推广很难。

从2006年开始，华为和中兴这样的中国公司，在全球不断加大覆盖，于是到处都开始有了GSM信号。全世界的普通老百姓对价格低且功能花哨的GSM手机有了强大的需求，华强北的GSM手机就应运而生了。

从2006年开始，华勤、闻泰、龙旗等众多ODM公司采用联发科和展讯的方案，提供手机公板。华强北的档口拿上公板，再加上特色外壳、屏幕、键盘和电池，就是一部手机，完美！

重要的内容来了：芯片！

20世纪80年代初，IBM的PC兼容机整体方案大大推动了全球PC产业的发展，让老兵戴辉早在1988年，就在十八线小县城里体会到了单指敲打键盘的乐趣。这是"一揽子解决方案"的鼻祖，Intel芯片（CPU）和微软操作系统（Windows）从此崛起，IBM功不可没。

回顾全球芯片发展史，做大芯片产业的国家其实没有几个。第一波动力来自家电，日本是第二次世界大战后靠家电（如收音机）先后将晶体管和集成电路（IC）产业带动起来的；第二波动力是PC兼容机，美国的CPU和韩国的内存行业则都是靠PC市场带动起来的；第三波动力是手机，第一批是ADI、TI等GSM基带公司和高通的CDMA基带，中国的芯片产业是第二批，是由自主设计的GSM手机带动起来的。

早在2000年11月就成为联发科"1号大陆干部"的杨承晋是参与者和亲历者，他分享了芯片的发展历史。联发科脱胎于台湾联电的多媒体事业部，它发现GSM手机芯片是一个巨大的高增长机会，但大多数下游企业的研发能力非常薄弱。于是联发科用了4年时间，在2004年提出了一个GSM手机芯片一站式解决方案，卖芯片再免费赠送整个软硬件解决方案，也就是客户买芯片就送大礼包，这彻底颠覆了只有巨头才能做手机的模式。

中芯国际在2000年成立，建厂后一直在寻找海量发货的机会。自从中国自主设计的GSM手机崛起后，本土芯片设计业崛起，流片为中芯国际带来了发展机遇。格科微靠性价比高的图像传感器起家（是中芯国际第一个海量客户），艾为靠大功率音频放大芯片（服务于大喇叭手机）和双卡控制芯片起家，锐迪科靠低成本模拟和射频器件起家，汇顶靠屏幕控制芯片（服务山寨智能机）起家……

大家都知道，乔布斯重新定义的智能手机是一场革命，这是美国设计、中国制造的典型。苹果公司将智能手机放在中国生产，也是看中了中国强大的手机供应链。iPhone第一代只支持GSM。中华酷联、华米OV也由GSM而兴起。

所以说，如果没有在GSM领域的长期持续用力，中国的基站、手机、芯片产业都将失去一次巨大的带动力量。

老杳吧于 2008 年诞生，是一个手机芯片论坛；手机中国联盟由老杳发起，并于 2011 年成立，于是有了下面这张难得的合影。

2011 年手机中国联盟合影

过去 10 年里，智能手机风云变幻，来的来，去的去，有了无数令人感慨的故事。

为什么 3G 如此煎熬

3GPP 是一个行业组织，成立于 1998 年，最初的工作是为第三代移动通信系统（主要是 UMTS）制定全球适用的技术规范和技术报告。3GPP 一直在拉拢中国力量参与。

就 2G 而言，窄带 CDMA 技术比 GSM 要更加先进，所以 3GPP 在制定 3G 标准的时候，基于高通的 CDMA 技术体系，采用了 WCDMA（宽带 CDMA）体系，加大了频宽，用户享受到的数据传输速率也因此大大提升。

中国推动的 TD-SCDMA 无线也投入 3GPP 门下。TD-SCDMA 只是无线的技术，核心网完全采用 3GPP 的标准。

3GPP2 也在 1998 年成立，以高通为首的 CDMA 阵营开始制定 3G 标准，也就是 CDMA 1x EV-DO。3GPP2 也一直在拉拢中国力量参与。

从市场存量上来讲，因为 GSM 在 2G 市场份额非常大，3GPP 制定的 3G 标准 UMTS 与 GSM 技术融合得很好。

从供应商角度来看，爱立信和诺基亚非要在 3GPP 的 3G 标准制定上取得成功，不惜决一死战。而高通也已经成功地被拉入了 3GPP 的阵营，做出了兼容 GSM 和 WCDMA 的手机芯片！高通"脚踏两只船"的做法，对 3GPP2 阵营的打击很大。

3G 为什么都如此煎熬？主要有 4 个原因。

1. 3G 标准的宗旨是全面替代 2G，这个出发点错了。3G 一方面追求比 2G 更完美的语音质量，另一方面又追求高数据传输速率，导致网络结构复杂且终端价格高昂。如果当时 3G 的目标就是数据业务，支持采用 IP 架构，应该更容易成功，4G 就是这样发展起来的。

2. 欧洲发放的 3G 牌照都是要求运营商在两三年内实现全覆盖，这给运营商带来巨大的财政压力。如果只要求热点覆盖，运营商可以少亏损很多，5G 现在就是这样的，欧洲国家初期只覆盖热点。

3. 手机芯片和手机发展非常缓慢。2000 年就卖 3G 牌照了，结果 3 年之后才出两款 3G 手机，又过了 3 年 3G 手机的价格才降到 2000 元人民币以下。

4. 欧美国家始终不愿意大力支持中国的 TD-SCDMA 标准，导致中国 3G 发牌意愿非常低，直到 2009 年才发。原因非常简单，GSM 已经够好用了，如果不能发展自己的标准，花这么多钱建网对中国没有什么意义。

但是我们也要看到，正是在 3G 网络中诞生了 App Store，使得移动数据应用有了成功的商业模式，大大地改变了人们的生活方式。

正如一首歌中唱道的：

"长路漫漫伴你闯，带一身胆色与热肠；寻自我觅真情，停步处视作家乡；投入命运万劫火，那得失怎么去量；驰马闯江湖，谁为往事再紧张。"

WiMAX 与 LTE 的世纪大战

3GPP 和 3GPP2 之间关于 3G 与 4G 标准的竞争，好歹还是电信行业内部的较量。而现在，门外来了个"野蛮人"——英特尔（Intel）。

高通与 Intel 一直是一对冤家。高通在移动通信领域突飞猛进的时候，Intel 在 Wi-Fi 标准领域也是风生水起。

Intel 推广 Wi-Fi——采用了正交频分复用（OFDM）技术——很成功，也就乘势进入了移动通信领域。全球微波接入互操作性（WiMAX）在移动通信领域率先采用了 OFDM 和多进多出（MIMO）等技术，很好地满足了移动互联网爆炸式发展对 IP 技术的要求。

尽管有人说 WiMAX 属 3G 标准，但回溯历史，我们应该将 WiMAX 看成一种 4G 标准。

3G 是 20 世纪末定义的标准，当时还是语音通信的天下，数据业务只是补充。早期的 3G 标准囿于当时人们认识上的局限性，还采用了异步传输模式（ATM）的体系架构，而不是 IP 架构，因而支持数据业务的效率较低。华为早期的 3G 基站就基于自身的 ATM 平台。这也是 3G 发展艰难的一个原因。

这又是一个历史的巨大关口。

爱立信和高通分别作为 3GPP 和 3GPP2 的代表，尽管二者之间也有竞争，但毕竟都是通信科技领域的领头羊，面对来自 IT 领域的竞争者 Intel，两家第一次真正联起手来，决定在 3GPP 的框架里一起发展 LTE 技术（后来称为 4G）。

由于受到 WiMAX 这种 IP 无线技术设计风格的强烈冲击，3GPP 在 LTE 及 LTE-Advanced 的设计中，尝试摆脱 3G 系统中的电路域痕迹和电信网络系统中冗余的层层控制风格。

WiMAX（802.16）实际上充当了 3GPP 制定 LTE 的催化剂。LTE 及后续的 LTE-Advanced 与 2G/3G 是并行的技术。

正如 3G 的 3 种技术都基于 CDMA 技术一样，IEEE 的 802.16m（WiMAX）、3GPP 的 LTE-Advanced 以及 3GPP2 的超移动宽带（UMB）这 3 个 4G 系统都采用 OFDM 和 MIMO 技术，更好地适配了 IP 化和移动互联网的发展趋势。

2005 年 8 月 11 日，高通宣布将以股票和现金共 6 亿美元的代价收购 Flarion

公司。作为正交频分多址（OFDMA）技术的先驱及领先开发商和FLASH-OFDM移动宽带技术的发明者，高通在4G专利大战中依然保持着很好的势头。

── TD-LTE给中国参与制定4G标准带来宝贵机会

3GPP推广的LTE最初主要采用频分双工（FDD）标准，而WiMAX主要采用时分双工（TDD）标准。

中国并没有采用WiMAX，但是借鉴了TDD标准，并一直在力推TD（时分）-LTE标准，这使得中国在4G专利中始终有一定的话语权，并且与TD-SCDMA有较好的融合。

在中国移动的大力推动下，TD-LTE产业聚集了越来越多的运营商巨头，英国沃达丰、法国电信、德国电信、韩国SK电信以及美国Verizon和AT&T等多家运营商均承诺支持TD-LTE。

爱立信也坚决表示支持TD-LTE。记得在3G标准上，爱立信因不愿意支持中国TD-SCDMA而吃了大亏，现在不会再犯同样的错误了。

2013年，中国发的LTE牌照全部都是TD-LTE。中国的运营商作为TD产业链的领头羊，决定选择TD-LTE而不是WiMAX，这也决定了设备商的战略抉择。

WiMAX就这样一步步失败了，即便它为4G技术的进步做出了巨大的贡献。这也再次证明，即使技术更先进，但是如果得不到足够的产业链支持，也没有用。

北电网络公司在研发上投入极大，领先几步成"先烈"。北电破产后，华为、爱立信和诺基亚都来到加拿大渥太华设立研究所，广揽人才。北电最高等级专家（Fellow）童文、朱佩英等人加入华为，牵头搭建了无线研究创新及标准体系，为华为参与4G的演进（4.5G）和5G标准的制定，立下了汗马功劳。

华为因此有了两个进步：一是投入巨大精力参与国际无线标准的制定（从4.5G开始），二是定义了Fellow体系。

2018年年底，国家发展和改革委员会原副主任张国宝在《从1G到5G——中国移动通讯技术和设备的发展历程》一文中进行了回忆：

"中国的 TD-LTE 4G 标准显示出技术优势。

"欧洲在他们原有的技术基础上发展了基于 FDD（频分多址）技术的 4G 标准。而中国的 TD-LTE 标准是基于 TDD（时分多址）技术的，TDD 技术的信号上行和下行可以不对称，而 FDD 则上下行对称。TDD 的不对称信号在传输视频时却显示出优势，适合用于互联网。

"美国 Intel 也发展了基于 TDD 技术的 4G 标准 WiMAX，中国自知我们尚弱小，希望能与同采用 TDD 技术的美国标准联合，但是 Intel 视中国是小学生，不愿意与中国合作，只想要中国全盘采用 WiMAX 标准，联合不成。而此时欧洲的爱立信公司了解了 TDD 技术的优势和中国巨大的市场，主动与中国联合，共同采用 TD-LTE 4G 标准，这使得 TD-LTE 标准力量强大，而美国的 WiMAX 标准逐渐被边缘化，最终销声匿迹。"

第 2 章

无线"农话",初尝胜利滋味

一 华为初立无线研发部

1991 年,华为从隔壁亿利达(无绳话机是其主业)挖来了徐文伟和他的小伙伴软件天才聂建林,成为郑宝用主持的用户交换机 HJD 48 的开发主力。

随后,徐文伟带队于 1992 年开发出了第一台满足电信入网标准的程控交换机 JK 1000,并开辟了华为的芯片和操作系统事业。

1994 年 8 月,华为在南山新能源大厦的一间办公室里,正式成立了无线业务部,徐文伟任首任研发部部长。

第一个立项的无线项目就是无线市话领域的"天地通"(CT-2),这其实是固网的延伸。CT-2 采用了源自欧洲的无绳电话技术,俗称"二哥大",可使用微基站(建设成本要远远低于 GSM 宏基站)实现小范围的覆盖。但由于其技术上有巨大的限制——只能呼出不能呼入,还要结合寻呼机使用——华为还没有来得及做出商用产品,这个技术方向很快就被市场放弃了。

服务乡村，诞生 ETS450 "农村大哥大"

在 BBC 纪录片《华为是谁》的"孤注一掷"这一集里，徐文伟提到，华为起步的时候，城市里没有机会，只有去农村，华为对农村场景的一系列针对个性化和客户需求的开发或者创新，使得设备真正满足了农村市场的需求。

中国老百姓对通信的需求极其旺盛，而且农村用户的使用场景对可靠性要求并不高，这给了华为试错的机会。

华为决定面向农村做 450 兆赫 /150 兆赫频段的无线接入系统（无线本地环路，Wireless Local Loop，WLL）。所谓的扩展电话系统（ETS），顾名思义，是电信局固定电话在农村场景下的一个延伸和补充。ETS 采用大区制，没有蜂窝的概念，不是移动通信，只是无线接入。核心网采用华为自己的数字程控交换机 C&C08，基站和终端最初是代工的，后来自研了基站和终端（车台、固定台等）。

这个技术覆盖很广，这是因为 ETS 450 基站的发射频率为 450 兆赫（UHF 波段），接收频率为 150 兆赫（VHF 波段）。这个频点传播性能好，足以覆盖方圆几十千米的农村，而且其绕射能力强，甚至可绕过山体。它的缺点是频点资源稀缺，而且采用模拟技术，容量很小。由于 ETS 采用的是和"大哥大"（1G）一样的模拟技术，因此也叫"农村大哥大"。

ETS 有两个主要的应用场景：一是用于地广人稀的场景，快速实现"村村通"，在农村，尤其是山河湖海地区，为了快速放号，可以前期先以无线方式进入，然后逐渐铺线进去；二是应急通信（如防汛救灾中）场景，不用拉电话线就可以紧急放号。

1997 年，华为与湖南省邮电管理局一起在"铁杆客户"怀化邮电局召开 ETS 450 无线本地环路解决农村覆盖问题的现场会。由于 ETS 设备刚出来，它的功能和运行并不稳定，早不坏，晚不坏，就在要开现场会的时候突然坏了！正好天降暴雨，销售员许立勇在户外装模作样地对着终端大吼……

1998 年救灾，ETS 450 绽放光芒

华为在湖北的生意并不好，销售员潭劲秋就借给荆州下辖的石首一套 ETS450

用于防汛，这可是抗洪用得上的设备。我出生于洞庭湖区，这里年年防汛；我也曾去过河堤一线，当年并没有现代化的通信手段，如对讲机。大人们检查河堤时，如果没事，就敲一两声竹梆筒子；如果发现异常，就急促敲击竹梆筒子（也有敲锣的），以示警。

不久之后的 1998 年夏天，长江遭遇了百年一遇的特大水灾。荆州下辖的监利市决堤，挣脱了束缚的洪水肆意奔流。同在荆江流域的湖南南县（我的家乡）和周围的一些县（沅江、安乡等）的不少垸子沦为泽国。

发生水灾后，用于指挥救灾的就是 ETS 450 无线固定电话，其形态是一个座机，但是没有双绞线。

后来，ETS 450 在广西、陕西等多山地区也广泛应用。这样的成功坚定了华为发展无线业务的信心。换言之，如果没有这个胜利，华为很难大规模投入当时看来技术难度非常高的 GSM 开发。

CDMA450，迈向数字制式

从 2000 年开始，ETS 450 模拟技术逐渐走入了生命末期。

一方面，随着接入网的建设，光缆也拉到了农村和山区，GSM 移动通信和固定电话都得到了长足的发展；另一方面，应急通信转而采用集群对讲系统，如陆上集群无线电（TETRA）、国产警用数字集群（PDT）标准以及卫星电话等。

ETS 450 模拟技术让位给了更先进的数字化技术 CDMA 450。

CDMA 450 信号覆盖性能优秀，可轻松传播数十乃至上百千米，还可以绕射，至今 CDMA 450 还在地广人稀的区域使用。

比如，与我同名同姓的另一个戴辉告诉我，在 2003 年，他来到了满目疮痍的阿富汗参与通信网络重建工作，首推的就是 CDMA 450，效果很好。

第 3 章

突破 GSM 技术，开启华为的远征

1995 年，华为去做客户调研的时候，有不少客户反映 GSM 市场可能没有空间了，建议华为去研究 3G。可回来一讨论，大家觉得：2G 做不起来，哪里能做好 3G 呢？

1995 年到 1996 年这段时间，华为的数字程控交换机 C&C08 进入了广州和深圳，真正上了规模，也有了较好的盈利。华为随即投入资金研发 GSM 技术，也就是在那时，华为开始了对光传输和数通（即数据通信）等领域的探索。

在 BBC 的采访中，任正非介绍："当年，中国庞大的市场实在太供不应求了，就连落后的东西都会有人购买，我们自己也比较努力，积累了原始资本。然后，我们并没有消费到自己身上，而是用于再投入，再建立服务体系，改善客户利益。"

大概经过一年多的开发、联调和测试，华为终于在 1997 年 9 月 5 日打通了 GSM 全系统流程，实现了最简单的通话，虽然语音很不清楚，杂音很大，但毕竟打通了电话。当时有很多领导在实验室见证了这一时刻，大家都很兴奋。

徐文伟作为首任无线业务总经理，在人民大会堂发布了日后改变全球无线通信史的消息：中国人有了自己的 GSM。

徐文伟（左一）发布 GSM

华为延揽了国内经验丰富的电信人才来挑头做 GSM 研发，如侯金龙、刘江峰等人。

GSM 早期研发管理团队

华为从高校招了很多毕业生来做开发。我在东南大学的同级同学朱浩冰担任了基站研发负责人，中山大学的同班同学谭竹则负责 GSM 基带软件开发。一个大的行业突破会带来大量工作机会。随后的几年，无线电和电子工程专业的毕业生炙手可热，华为甚至曾邀请东南大学无线电系一届的全部应届硕士研究生坐飞机来深圳体验生活。

然而，和固网领域势如破竹的突破不同，无线领域的艰难，超出了所有人的预料。

1998 年中到 1999 年底，华为从"有坚实天花板"的固网领域，战略转移到"有无限未来"的 GSM 移动通信领域，这是一次前途未卜的"远征"，更是决定华为生死存亡的 500 天！

1998 年，远征起始于位于内蒙古自治区的 GSM 实验局，终点是 1999 年年底在福建中标的第一个大规模 GSM 商用项目，以及稍后的中国移动智能网（神州行预付费业务）。

一 远征起点

1998 年有几件具有重大意义的事件：一是 10 月举行的国际邮电通信设备技术展览会；二是当时的信息产业部组织的国产移动通信设备用户协调会；三是内蒙古自治区的 GSM 实验局通过信息产业部的鉴定。

1998 年，信息产业部在邮电部和电子工业部的基础上建立，首任部长为原邮电部部长吴基传。信息产业部一手推动电信运营商的发展，一手推动电信设备与终端厂商的发展。信息产业部信息化推进司司长宋玲和刘阳生等多位领导也一直都很关注华为等国产 GSM 设备的发展。

在 1997 年，华为请示移动总局希望能开设实验局，这一请示马上获批。后来华为得到了内蒙古自治区邮电管理局的支持，最后在伊克昭盟（现名鄂尔多斯）创办了实验局！自治区邮电管理局副局长是孙学博（后担任自治区移动局局长）说："好啊，民族企业开局我们要支持！"当地电信的负责人是赵维。华为在内蒙古自治区实验局的主任是张淼。

1998年春节后，内蒙古伊克昭盟华为GSM实验局成功并网，进入了商用测试阶段。内蒙古自治区邮电管理局移动局当年的主任工程师袁朝晖后来回忆说："你们的问题可多呢！不过你们人堆得多，改得也快。"

我在1998年秋天加入了移动行销部，任正非挂名任总监以示重视，实际负责人是李祥庭。我为自己面试时的表现感到自豪，但20多年后，当时面试我的黄朝文说，当时缺人得很，差不多就都要！

在1998年10月27日开幕的中国国际信息通信展览会上，华为第一次展示了可以商用的GSM设备，基站上架上小天线，电话时通时不通，但系统已经基本稳定了。

1998年11月13日，举足轻重的生产定型鉴定工作正式开始，宋直元是主任。为了方便专家们从呼和浩特去现场，华为特地租用了两架直升机。

鉴定会现场

鉴定会中，每位专家都用手机做测试。偶尔会有GSM系统打不通电话的时候，那就赶紧复位重来。最终，专家们都在报告上签了字。

华为的设备，终于可以批量生产和销售了！

鉴定结论书

内蒙古自治区邮电管理局在 1998 年底与华为签订了 3000 万元的 GSM 商业订单，覆盖了伊克昭盟的各个旗县。这里是华为 GSM 的起源之地，也是中国 GSM 的发源之地。差不多时候，河北联通在沧州也测试和应用了华为的 GSM 设备。

华为基站 1.0 和 2.0 版本的单板种类很多，电缆也多，配置起来很复杂，一个机柜容纳 6 个载频。但到第 3 个版本时，我们有了自己的思考，单板种类比较少了，天线也因为采用双工器而简化了配置，一个机柜最多可容纳 12 个载频。该款基站大卖了很多年，成为当时华为销售收入最多的产品。

1999 年春节，移动行销部 100 多人和研发、生产、服务体系的骨干都没有回家，在深圳参加了为期两周的封闭培训。年中的时候，移动行销部再次进行了大培训，这是第二期了。

1999 年全年，市场和研发人员与各地办事处人员一起参加了中国移动在各个省市举办的技术交流、投标、答标、项目运作等活动。

中兴通讯股份有限公司（以下简称"中兴"）的 GSM 商用进度晚于华为一年左右。1999 年，中兴在安徽六安开设了 GSM 商用实验局并获得入网证。

1999 年夏天移动行销部培训

"国家队"大唐电信科技股份有限公司（以下简称大唐）也开发了 GSM 设备。值得一提的是，就在 1998 年 6 月，以大唐为发起方的研发团队提出来要发展基于 TD-SCDMA 技术的 3G 标准，这是很有理想的。

西方公司积极行动，对华为围追堵截

20 世纪 90 年代初，神州各地的固网程控交换机可谓"七国八制"。西方公司的产品定价高昂，供货缓慢，服务滞后。

在固网程控交换机市场，巨龙、大唐、中兴、华为等自主品牌突破了西方公司的狙击，迅猛发展起来。

但在 GSM 战场上，以爱立信为首的西方阵营汲取了固网程控交换机之战失利的教训，迅速降价，提高服务质量，竭尽全力抑制中国企业的成长。

1999 年，当时的信息产业部决定对中国电信拆分重组，将移动业务剥离出去，于是移动局变成了移动公司，并于 2000 年正式挂牌。

当时对于每个项目，华为在第一轮投标（选短名单）的时候，商务标基本都能拿到第一，技术标也能入围，有时还能拿到第一名，这给西方公司造成了不小的压力。

但在决定鹿死谁手的第二轮，西方公司往往会出乎意料地让报价"高台跳水"。华为不甘心，就再去提交更低的价格。但西方公司对抛低价的时机掌握得炉火纯青，着实让华为猝不及防。

随着一个又一个省的移动项目的开标，成交价格逐渐成了公开的秘密，价格不断下降。本来西方公司之间互有默契，彼此井水不犯河水，但没想到遇到了华为这个"愣头青"，一切都变得惊心动魄了。

后来华为陆陆续续有了一些小规模的应用案例，但严格意义上讲，每个项目都是亏损的，迫切需要一个大规模商业应用案例来拯救华为。

如果 GSM 不能尽快突围，实现大规模的商用，庞大的投入很快就会拖垮华为这个脆弱的民企，现在各种商学院可能也会多了一个经典的失败案例——盲目自大终让华为走入困境。

福建 GSM 项目，远征的终点

福建移动的第 5 期 GSM 项目也启动了。福建移动的规模大，技术人员的水平也颇高。

李祥庭和重大项目部负责人宋联忠认为华为最有可能在福建获得重大突破，应该将 GSM 定为公司级的重大项目。项目组在极短的时间里就调集了公司的所有业务领导来支持。当时还是小兵的我也去了现场。

在移动交换技术上，华为是稳定而且先进的，并且还有一项独特技术可以显著降低客户的综合投资，这就是网关移动交换中心（GMSC）和智能网的信令交换点（SSP）合一。

1999 年秋，华为成功地获得了福建移动高达 3.2 亿元人民币的移动通信项目，成为华为内部创纪录的大单。华为所有的内部流程体系都立马进行了修改，以支持单个项目上亿元的流程。

这就是一场远征，于 1998 年从内蒙古自治区 GSM 实验局出发，1999 年在福建获得了巨大的成功。

第 4 章

GSM 增值业务爆发式成长

一　神州行预付费业务大爆发

福建 GSM 项目奇迹般引爆了另一个项目。

福建移动表示中国移动迫切需要在全国的主要城市开通预付费业务，于是，华为智能网研发部的车海平博士马上前来汇报华为智能网。华为当时已经开发出了全世界第一个基于最新国际标准（Camel Phase II）的智能网，单个用户的预付费业务只要不到 100 元人民币即可开通，而西方公司的智能网都是私有协议，价格据说高达每用户 300 美元。

汇报的时候，我就坐在下面，看到福建移动的工作人员以惊艳的目光投向智能网时，我的心里不禁有点酸溜溜的。客户对华为应用型业务的兴趣远远比对 GSM 基础设施的兴趣大！

福建移动将华为的方案强烈推荐给了邮电部移动通信局（后文称其为移动总局）。

增值业务基于基础网络之上的应用层，销售策略就是"傍固网春风，抱移动大腿"。

此时，为了协同多个产品（GSM、智能网和新业务、光传输等）在新成立的移动公司体系内销售，华为于 1999 年秋成立了移动系统部（客户经理线），原移动行销部部长李祥庭任系统部首任部长，原行销部下属重大项目部部长宋联忠任助理。

而专注负责 GSM 市场技术的移动行销部部长（产品经理线）则先后由宋一新、胡勇、侯金龙等人接任。我因为喜欢研究技术，留在了这个部门。

华为在一线销售上历来采取黄金搭档模式：客户经理 + 产品经理。进军海外市场后，交付和服务也很重要，客户经理、产品经理与交付经理一起合称为"金三角"。

移动总局当时正在改制（后来的"中国移动"）的关键节点上，流程走不通，货款一时半会儿没办法给。宋联忠前往北京真诚邀请移动总局领导访问深圳。领导在访问中问任正非："你们的服务器供货有问题吗？"任正非回头问李祥庭："有困难吗？"李祥庭将胸脯拍得咚咚响："保证没有问题！"

我当时在办公室里啃人民邮电出版社的《GSM 移动通信工程》一书。好消息传来，屋里洋溢着快乐的气势。

中国移动有极大的动力发展预付费业务，因此以极快的速度与华为合作，采用全球最新标准，开通了移动智能网，第一期覆盖全国的 12 个城市，并迅速遍布 25 个省市。华为抢到了一个千载难逢的市场机会！

一夜之间，神州行预付费用户满天下。2000 年全年净增了 4197 万户，相当于以前 5 年的总和，其中大部分都是预付费用户。用户总数则爆炸性地增长到了 8526 万户，中国移动的 GSM 也成为全球第一大网，超越了沃达丰在欧洲诸国用户的总和。

神州行用户数快速增长的同时，系统容量也疯狂扩张，最终华为与中国移动的总合同金额居然高达 8.2 亿元人民币（其中一部分是外购的服务器）！

随后华为又将移动智能网卖给了泰国 AIS、肯尼亚 Safaricom，赚了个盆满钵满，为日后的海外拓展提供了"粮草"。

几年后，智能网被基于 IT 的在线计费系统所替代。运营商（从授权费方式）转而以软件外包方式，按人/天计费，代码的所有权还归运营商所有。华为则先后收购了国内多家计费系统厂家，以及阿联酋的计费系统厂家。

短消息业务崛起

短消息业务刚推出的时候，大家并不喜欢用。发什么消息啊，直接打电话不更方便吗？但谁也没有想到短消息业务后来发展得如此兴旺。2009年，中国移动日均短信发送量为18亿条，节假日的短信发送量为90亿至100亿条。

腾讯、新浪等互联网企业"绝处逢生"

1999年，中国移动在大力建设基础网络和推出预付费业务之后，预付费用户暴涨！在这些新用户中，热爱新事物的年轻人占了相当大的比例！

2000年至2002年，IT泡沫破灭，美股暴跌，互联网"烧钱模式"彻底终结。整个行业彻底进入"冰河世纪"，那些曾如雷贯耳的互联网巨头们满目疮痍。纳斯达克指数于2002年10月9日跌至谷底的1114点。

幸运的是，2000年中国移动推出了基于短消息的"移动梦网"业务，向自己的移动电话用户提供各种增值服务。中国移动更是慷慨地将85%的增值业务收入给了内容和服务提供商（CP/SP）。来自"移动梦网"的丰厚利润成了新浪、腾讯、搜狐、网易等中国知名互联网企业赖以生存的"棉衣"。

就是在这个关键节点，华为移动行销部的产品经理唐欣和广州办事处的客户经理刘成敏从华为辞职后加盟腾讯，负责和运营商合作新业务，并先后任腾讯副总裁。

腾讯推出了"移动QQ"后，手机和计算机之间可以通过移动QQ进行交流。仅在2001年3月，腾讯移动QQ的短信发送总量就达到了3000万条，占"移动梦网"业务总量的一半以上。

腾讯一跃成为中国最盈利的互联网公司之一。后来，腾讯与中国联通和中国电信也进行了类似合作。相比于新闻门户网站，作为即时通信工具的QQ显然对用户有更强的绑定性，被使用的频率也更高。

很多基于短消息和无线应用协议的内容都可以订阅，用户每个月花几块钱，在手机上就可以收到段子、股票、天气和手机报等内容。新浪、搜狐、网易等互联网企业也有史以来第一次告别了"烧钱模式"而有了宝贵的盈利。

2002年4月新浪推出了无线业务，提供无线增值服务，并收购了广州讯龙（原华为销售员王欣创办）等企业，移动产品经理高建国等人也加盟，这个交易的撮合者是我的东南大学校友林嘉喜。新浪从此实现了前所未有的盈利。 美国股市上，新浪的股价从几毛钱一股涨到了后来最高的70多美元一股。

中国互联网企业因此茁壮成长起来，为下一步移动互联网的大发展留下了火种！

"移动梦网"拯救了中国的互联网业，也让中国的娱乐业摆脱了传统的单向广播式传播模式，进入双向互动娱乐新时代！

第 5 章

GSM 基站转战偏远农村

《成功源于持之以恒，华为 GSM 十二年》中指出："短暂的辉煌过后却是市场停滞带来的寂寞，华为 GSM 的推出对友商不啻是一颗重磅炸弹，友商纷纷采用降价等方式保护原有的市场地位，一时间华为遍寻良策无果。GSM 对于华为会不会是昙花一现？关键时刻，华为一方面向海外进军，另一方面在思考如何让仅有的几颗火种得以形成燎原之势。"

GSM 市场里核心网的总盘子比较小（约 30%），在 4G/5G 时代，核心网占投资的比例已经小于 20%，盘子大的还是基站。

华为的 GSM 核心网是基于 C&C08 平台开发的，主要功能是呼叫处理、协议处理和存储用户数据。核心网里其实并没有任何射频和无线器件。可以这样理解，核心网是大脑，基站是四肢。核心网和基站的市场特性完全不同。

华为 GSM 在国内的突破很不平衡，核心网在国内取得了巨大突破，但是基站只有少量的应用。

一方面，华为的 GSM 基站发货量很少，所以成本高企，西方公司一降价，华为就没有成本优势了，好几个省都是这样丢的单；另一方面，华为自己的基站水平远不如核心网技术强,客户购买华为的产品时,都愿买核心网而不是基站。

GSM 深入偏远农村

孙承在《华为上海研究所二十年传奇故事》中写道:"此时(年)中国的大中型城市基本已由西方通信巨头完成布网(GSM 宏基站),余下农村等边远地区无暇顾及,很多人在城里买了手机,回到家乡却不能用。"

在移动产品行销总监胡勇的带领下,华为 GSM 深入最偏远的农村,开始推行边际网小基站方案。

华为瞄准此市场,设计了一款差异化竞争产品——边际网小基站,其特点是体积小、成本低、可快速建站,这能帮助运营商有效解决乡村通信覆盖问题。

尽管条件艰苦,但正是这条起步于边际网的市场之路,让华为 GSM 在诞生之后逐步站稳了脚跟。从农村到县城,从县城到市区,逐步扩大搬迁,正是这些插花似的不断布局突破,让华为 GSM 在全国的局面逐步打开。与此同时,华为 GSM 在亚非拉等海外发展中国家的市场也实现了连续突破。

小基站可以直接挂在电线杆上,适用于偏远的公路沿线。基站内置光传输接口,可以沿着电线将光缆拉过来。小基站的整体建站成本相当于大基站的 30%。小基站的可靠性比大基站要差,如果断电就失去了服务,但对于农民和路过的司机而言,偶尔的服务中断也能接受。

但由于在外面受到太阳直射,加上功率比较大,小基站使用风扇降温是不行了,必须用空调。但是小基站空间小,没有办法像大型室外宏基站一样配装空调。为此,华为引入了液冷技术,将载频单元密闭封装成模块,冷冻液在里面跑过,以降低工作温度。

小基站不少时候是一种临时手段,一旦宏基站规划进来,小基站就可以迁走了,正如 ETS450 一样。

有意思的是,小基站在海外并没有推广起来,因为偏远地区的电力和光纤条件都难以具备。一旦具备,运营商肯定希望修一个常规基站,比如建机房,或者修建室外宏基站，这样可维护性、容量和备电要更好。

另一方面，客户本身也希望引入国产设备来降低综合建网成本，于是各省都纷纷找了些偏远地区，让华为来试一试。

这个业务尽管不赚钱，但是解决了不少省的基站准入问题，蚊子再小也是肉啊！即便业务再小，华为也成为正式的基站供应商，这为2006年之后开展的整网替换留下了火种。

有意思的是，华为和中兴从当年的搅局者变成了如今的传统电信设备供应商，和当年的爱立信一样。现在运营商客户想着让新兴的5G OpenRAN公司来，制造竞争局面，核心目的就是让传统厂家降低价格和提升服务质量。诺基亚公司的5G基站在中国败北后，也加入了OpenRAN阵营。

真可谓：三十年河东，三十年河西啊！

第 6 章

无线市话一再失败

ETS 无线农话高歌猛进的同时，无线市话业务却一地鸡毛。

第一次，华为开发了 CT-2"二哥大"，但还没来得及做出商用产品，这个技术就没有商业前景了。

第二次，ETS1900 的上市也是无疾而终。

华为于 1995 年开始面向城市做 1900 兆赫频段的用于城市的无线市话。当时有两种主要的技术流派——日本的个人手持电话系统（PHS）、欧洲的数字增强型无绳电话系统（DECT，也叫 CT-3）——都采用数字技术和微蜂窝技术。华为当时对两种技术都进行了预研，但阴差阳错地选择了 DECT 技术流派开发出 ETS 1900 系统。如果当时选择的是 PHS，那后来的故事就完全不同了。

华为的 DECT 业务失败了。

原因之一是，中国的应用频点与欧洲不一样，使得欧洲的 DECT 手机无法在国内使用。华为的 ETS 1900 系统已经在大庆油田成功使用，但主要接入手段只是固定台，而在人口密集区域，铺线本身是方便的。

原因之二是，国际上的经验已经证明，移动通信的覆盖更好，只要资费降下来，基于微蜂窝技术做的无线市话就很难做好。这也是后来小灵通最终衰落的根本原因。

遭受了 CT-2 和 DECT 两次产业挫折后，华为对基于微蜂窝技术的无线市话避之不及，认为前途不大，而专心"进攻"移动通信 GSM 和 CDMA 这样覆盖良好的主流宏蜂窝技术去了。

第三次，在 1999 年，开发 CDMA WLL 来给电信做无线市话，然后中止。

第四次，华为认为 PHS 这样的微蜂窝技术方向没有前途而没有做。

在 BBC 的报道里，任正非进行了回忆，他觉得 PHS 可以赚钱，但不能代表未来的方向，所以不做。

小灵通之所以发展起来，根本原因是实力强大的中国电信拿不到移动牌照，又不得不发展无线业务。

2000 年 6 月，当时的信息产业部下发通知，将小灵通定位为"固定电话的补充和延伸"，这标志着限制小灵通发展的政策有所松动。电信的 PHS 小灵通开始建设提速，本来只是在小城市用，后来中大城市也开始用了，就这样一点点地突破了牌照和频点的约束。2002 年 12 月，小灵通业务在除京、沪之外的地区全面开禁。2003 年 3 月，小灵通在北京怀柔区放号，正式冲破"禁止在京、津、沪、穗发展小灵通业务"的政策限制。

尽管基于 PHS 技术的小灵通有快速行进时信号较差、功能少、使用范围小等缺陷，但其用户的忠诚度建立在它独具的优势上——电话号码短（和固定电话一样），资费低廉并且接听不要钱，深受老百姓喜爱。当时中国移动、中国联通资费较高，并且打电话和接听电话要双向付费。

中兴和 UT 斯达康在小灵通上大赚特赚，2001 至 2003 年，中兴、UT 斯达康、华为的收入都在 200 亿元人民币左右，隐隐形成三足鼎立之势。

小灵通于 1998 年上线，到 2006 年，中国大陆小灵通用户数量达到 9341 万的历史顶峰，2011 年年底开始退出江湖，2014 年最终谢幕。小灵通在中国一共存活了 16 年。

小灵通的命运在一开始就注定了，它就是一个过渡产品，只是这个"过渡期"实在有些太长了！

第五次，2003 年，华为用 CDMA 450 做"大灵通"，但因为政策原因和技术限制而中止，只留下西藏自治区等个别有超广覆盖需求的市场。

第六次，2003 年，华为终于进入小灵通手机领域，开创了一个崭新的世界。

小灵通手机往往是在电信营业厅出售，凭借和中国电信的良好关系，华为很容易地打开了销售渠道。很快，华为小灵通手机的市场占有率就增长到了 25%。华为的参与，使小灵通手机的价格迅速下滑，很受老百姓欢迎。

与此同时，华为也开始了为海外运营商定制 3G 手机的工作。自此，华为不做终端的禁锢终于解除了，后来华为终端公司正式成立了。

第 7 章

CDMA 再受挫

上一章介绍了，华为放弃了 DECT 和 PHS 等微蜂窝无线市话技术，但是中国电信有那么强的进入无线的冲动，又是华为起家的传统客户，华为是如何为其服务的呢？

当时中国移动和中国联通都已经有了 GSM，华为相信中国电信会获得 CDMA 牌照，这个分析现在看来也是合情合理的。

正好是在世纪之交，华为一个百人团队在石岩湖封闭工作了 4 个多月，生生把全套 CDMA IS-95 系统开发了出来，然后又因为形势的变化全部停掉！

项目组撤得如此仓促，乃至于连存储软件大版本的服务器都坏了。后来中国联通 CDMA 项目启动的时候，又从每个开发人员的计算机中将代码重新凑了出来。

在讨论后期到底是走 CDMA IS-95 还是更新的 CDMA 1x 标准路线上，华为最终决定将 IS-95 全部裁掉，转而投入更加先进的 1x 标准。

在 2001 年中国联通启动 CDMA 项目、网络建设大招标中，依然采用 IS-95 标准。中兴拿到了 10 省的交换及基站系统采购合同，占 7.5% 的市场份额；华为在基站侧颗粒无收。

值得一提的是，华为在中国联通 CDMA 的交换系统（核心网）方面还是有一定份额的。华为在核心网上没有采用低价策略，从而获得了较好的利润。

第二年，中国联通 CDMA 二期终于采用了 1x 标准。在招标中，中兴再次中标，夺得全国 15% 的市场份额。

华为尽管有了 1x 基站，在江西联通实验局运作得也很成功，同时也参与了很多省的投标，但是最终结果还是一样——颗粒无收。

直到中国联通 CDMA 二期最后的一个项目，华为才终于获得了广西贺州与梧州的 178 个基站的项目。

2003 年，华为再博 CDMA 450（450 兆赫频点），受挫。

2003 年，华为还努力了一把，希望将 ETS450 的升级版 CDMA450 用于中国电信的无线市话业务。

第一个样板案例在湖南益阳成功使用，甚至有了一个绰号——大灵通。不过，这个技术路线并没有得到国家的认可，但允许在西藏等地广人稀的地方做广覆盖使用。

世界的另一边，高通在策划 CDMA 450 进入欧洲；英国 INQUAM 收购了欧洲的几个 NMT 450 运营商，准备发展 CDMA 450，旗下的葡萄牙项目组也来到华为谈判。当时这是标杆事件，这可是欧洲最早的 CDMA 项目！尽管我的主业在 GSM，但也被拉过去支援 CDMA 项目，并作为技术专家参与谈判。

北欧也发展了几个 CDMA 450 网络。

2007 年金融危机发生后，这些 CDMA 450 运营商基本上都破产了。

CDMA 450 在城市地区失败，现在看来也是在所难免的。CDMA 450 的传播性能优良，但是 450 兆赫的可用频宽少，使得容量小；部分频点往往已分配出去作为他用，很多地方清频也不容易，时不时带来干扰；产业链更欠缺，手机种类很少。

800 兆赫和 1900 兆赫等主流频点的 CDMA 则问题较少，华为一直在海外推广的 CDMA 获得了一些项目。海外客户来中国参观，都要去中国联通广西梧州的华为样板点看看。

借国内 CDMA 市场的广泛应用，中兴在海外 CDMA 市场做得也非常成功，尤其是在印度和印度尼西亚两个市场，销售规模非常大。

2004 年，华为与泰国 CAT 电信公司低价签订了一个超大型 CDMA 项目（800 兆赫主流频点），并在 2005 年基本建成。尽管华为在泰国 CAT 的项目上投入非常大，但是由于当时 CDMA 的发展前景已经不好了，CAT 最终还是决定终止 CDMA 运营，并找了一个理由不给华为验收，华为因此蒙受了不小的亏损。从此，华为在海外 CDMA 交付中开始变得非常谨慎。

中国的 CDMA 市场发展得还是不错的。经过 9 年的努力，华为在中国本土获得了大规模进入 CDMA 的机会，终于得以和中兴同行。

2008 年，中国电信购买了中国联通的 CDMA 网络，随即统一招标，将全国 81 个地区分别打包招标。华为以 6.9 亿元的"地板价"，从中国 CDMA 基站市场份额几乎为零，摇身一变成为主流供应商。这个事件引发了一些争议。

中国电信 2009 年启动了基于 CDMA 的 3G 技术（CDMA 2000 1x EV-DO）；2013 年 4G 牌照开始发放，中国电信和中国移动、中国联通一样采用 LTE 技术了。至此，3 家运营商终于在 4G 上统一了制式。

2019 年，中国电信要求 5G 手机（基本都是全网通）不再支持 CDMA 制式。其考虑很简单，CDMA 将逐渐退网，未来要将宝贵的、覆盖特性良好的 800 兆赫/1900 兆赫频率腾出来用在 5G 上。对无线运营商来说，低频段的频谱是稀缺资源，就好像城市中心区的土地一样。

第 8 章

GSM 走向海外，初获成功，随后面临巨大压力

早在 1995 年，中国政府组团参加 4 年一度的瑞士日内瓦国际电信联盟（ITU）国际电信大会时，华为和中兴就都派人员去观展换名片。随后，两家公司都开始拓展国际业务。

1996 年，华为商业网（C&C08）进入了回归之前的中国香港，服务和记电讯香港控股有限公司。到 20 世纪末，华为建立了一些海外据点，"洗盐碱地"。

1998 年，中兴在巴基斯坦成交一票大生意，是近一亿美元的程控交换机 TURNKEY 项目。这是一个实打实的项目，让华为好生羡慕。

1999 年，中兴与当时的南斯拉夫 BK 集团签订了 2.25 亿美元的 GSM 合同，我看到了中兴在《人民邮电》报上对开两版的大红字喜报，这个消息当时很令人震撼。不过，南斯拉夫政局不稳，国家随后解体，该项目并没执行。

1999 年年底，因为 GSM 核心网和基于移动智能网的预付费业务在国内做得好，华为再一次赚了大钱，有了走向海外的本钱。

海外首个千万美元项目，开创 GSM 新纪元

1999 年 10 月在瑞士日内瓦召开的世界无线电通信大会上，华为结识了乌兹别克斯坦的客户 Unitel。2000 年年底，双方结下良缘，在乌兹别克斯坦首都塔什干，华为将爱立信的所有 GSM 设备全部替换了。

这是中国 GSM 设备第一个真正意义上的千万美元级别的海外项目，也是华为第一个千万美元海外项目。它服务于后来占主流的移动网络，而不是固网；卖给跨国运营商，而不是国家电信；没有用中国贷款和担保。这探索了一条新的海外发展之路，现在看起来很平常，在当时却是突破。

技术上，这也是华为的第一个海外整网替换项目，我是技术谈判的总负责人。乌兹别克斯坦方面的代表是崔俭高，产品拓展是周斌。

"新丝绸之路"

21 世纪初，华为在国内市场错失了 CDMA 和小灵通这样的机遇，不得不走向海外市场。

当时，西方世界对中国的了解很少，对华为了解更少，他们都在问："华为是不是拿了西方公司授权来做生产的？"

自 2000 年开始，华为策划了"新丝绸之路"，为海外客户了解中国的电信建设思路做了周到安排。当时的信息产业部和三大运营商都给予了大力的支持。

2000 年 12 月的 ITU 香港展是一个标志性事件，华为邀请了全球数千名客户访问中国，让很多来访客户感到很震惊。不过，由于超过了接待能力，场面出现了一些混乱，我也临危受命，在香港陪同了多个国家的代表团。

从印度出发，开启与摩托罗拉合作的灿烂历程

无论是固定网络的程控交换，还是移动网络的移动交换中心（MSC）/归属位置寄存器（HLR），都属于核心网。

摩托罗拉的无线射频质量是全球最好的，但是摩托罗拉没有自己的交换网络侧设备（核心网）。2G 时代摩托罗拉常与西门子合作，但西门子自己也有基站，所以双方的合作难免磕磕碰碰。

摩托罗拉于是和华为也展开了核心网合作，这使得华为的核心网有更多的机会进入海外市场。

2001 年的印度 BSNL 项目，是华为与摩托罗拉合作的首个项目，我是现场技术负责人，代表是刘崎。

第一次去摩托罗拉开会的时候，我负责做产品介绍。摩托罗拉的项目经理不停地左右"晃脑"，我的心里好虚。本地同事 Ramu 告诉我：垂直平面上的左右"晃脑"其实是表示认可，水平旋转的"摇头"才是表示"No"。

大国的网络很复杂，有很高的准入门槛，比如俄罗斯的程控交换机入网测试，华为就搞了很久。印度也是这样的人口大国，入网测试也非常艰难。

入网测试是以摩托罗拉核心网之名申请的，并在最后的期限内涉险通过。华为方的具体工作由华为印度办事处总协调，中央研究院（以下简称中研）与班加罗尔研究所（以下简称班研所）一起完成。班研所是华为开设的第一个海外研究所，在软件工程方面对华为的帮助很大，并通过了最高等级的软件成熟度 CMM-5 认证。

有了华为的强力竞争后，西门子给摩托罗拉的价格大降，摩托罗拉因而获得了印度公网 BSNL 连续 3 年的 GSM 超级大项目。显然，华为这次成了最成功的陪练，帮摩托罗拉大大降低了综合成本。

测试成功后，华为亚太地区总裁王诚来印度考察。当年大家都是初出国门，美元各个面值的颜色差不多，他误将一张 100 美元的票子看成了 1 美元给酒店的服务员做小费，小伙子激动坏了，一口一个"Thank you"。2004 年我在印度尼西亚，王诚来考察，他建议我们关注一下香港 SUNDAY 公司的股票，当年华为决定融资为 SUNDAY 建设 3G 网络，并在公开市场上购买了 SUNDAY 的股票。我买了 10 万元港币的股票，最后赚了两万元港币，这是我人生中第一次投机或者说投资成功。

当时正值美国的 IT 泡沫破灭，印度项目之后，为了降低研发成本，摩托罗拉与华为开始了研发层面的深入合作。摩托罗拉聚焦最擅长的无线基站，其他的核心设备，如 2G/3G 软交换核心网、分组核心网，甚至 3G 的基站控制器——无线网络控制器（RNC），由华为以原始设计制造（ODM）方式承担。

因为这样的紧密合作关系，摩托罗拉一度想收购华为的 2G/3G 业务。

摩托罗拉的研发费用因而大大下降。2010 年摩托罗拉分拆出售时，其电信系统的相关资产以不错的价格卖给了诺基亚。

顺着摩托罗拉这根巨藤，华为进入了一些国家的 GSM 和 3G 核心网市场。摩托罗拉分拆出售后，有一些以前采用摩托罗拉设备的运营商于是选择在核心网上与华为直接合作。

华为也曾与多个厂商（西门子、NEC、北电等）合作低成本的同步数字体系（SDH）传输和数据通信设备，但取得的成绩远远不能和摩托罗拉的合作相比。

华为在东南亚市场的突破

GSM 大致分为核心网 [如网络子系统（NSS）与无线基站系统 [如基站子系统（BSS）] 两大块。前者在国内卖得不错，后者在国内非常艰难。

到了海外，情况却不一样。核心网上有大量用户数据，也是业务交换的核心，如果瘫机，会影响很多用户，所以外方往往不敢让华为这样的新兴公司来承担。基站的影响则小很多，如果瘫机，影响的用户少很多，所以他们更敢于让华为来试试。

东南亚有浓厚的华人文化，华为 GSM 也早早获得了突破。然而，东南亚人口密集，大家都喜欢玩手机，西方公司也重兵驻守。华为 GSM 取得了突破之后，也像中国市场一样，遇到了巨大的阻碍。

早在 1999 年，华为移动行销部在老挝就有了第一个海外 GSM 项目——9 个基站！

老挝电信一直用爱立信设备，为了应对千年虫问题，他们请爱立信将现有软件升级，结果爱立信狮子大开口。老挝电信找到华为，惊喜地发现买华为设备比付爱立信的升级费还划得来，二话没说就下了单。因为这个项目，华为招聘了一个来中国留过学的老挝留学生做维护，我在柬埔寨和他聊过天，中文好得不得了。关于老挝，我只想说，那里的啤酒真好。

2001 年 9 月 11 日这一天，我刻骨铭心，我正从印度回到深圳，准备转场去柬埔寨。

柬埔寨 Camshin 项目是华为 GSM 在东南亚的第一个上规模的应用。我是去谈扩容的，当时双方在商务上谈不拢，差距挺大。

我有了一个重大的发现。柬埔寨预付费用的是业务节点（SN），所有相关呼叫都要从 MSC 到 SN 上面迂回一下，这要消耗很多中继板。柬埔寨是单向收费，中国当时是双向收费。但如果只有主叫迂回，而被叫不迂回，就可以少配置一半的中继板。做通信的人都知道，中继板都是很贵的。我这样一处理，总价就下来不少，商务上很顺利就谈拢了。

就在谈扩容的关键时期，还出了一次事故。有一天，外包伙伴人员不慎将螺丝刀掉进了电源柜引起短路，全网瘫机！重启后，附属设备都好了，但华为基站控制器的配置数据全部丢失，原因是拨码开关设置失误。因为这起事故，华为后来做了两个技术上的改变，一是所有裸露的接头都装上了热封塑套管，二是主控板默认将配置数据自动保存下来。

我和代表刘伟一起去了 Camshin 的泰国总部（Shin Satellite，现在的名字叫 Thaicom），与时任总裁 Dr. Damrong Kasemset 敲定最后的价格。这家公司 2005 年发射了全球第一颗基于 IP 的卫星 ipstar（美国劳拉公司出品），改变了卫星通信的商业模式（从按固定带宽计费改为按流量计费），我还因此写了一篇文章《卫星互联网 15 年史》，时间就从这颗卫星算起。

2001 年，我在柬埔寨和张志奇一起突破了柬埔寨的 Millicom（品牌是 Mobitel），这是一家来自欧洲的跨国运营商，在亚非拉地区都有网络。由于技术支援人力紧张，我自告奋勇出差去进行工程勘测。我去了柬埔寨和越南边境上的一个小镇，爬到附近的一座山上，勘察了要替换的阿尔卡特基站的情况。这并不是我第一次做工勘，我之前在印度 Jaipur 做过 MSC 机房的工勘，一边看指导书，一边拉皮尺，华为早期的海外人员往往一专多能。

与柬埔寨一衣带水的是泰国，风土人情也类似。

泰国经济比较发达，西方公司重兵驻守。2000年底华为的移动智能网进入了泰国最大的运营商AIS，但是GSM基站的进入和做大很不容易。这个情况与中国市场其实是类似的。

泰国DPC是一个在1800兆赫频点上运行GSM的小运营商，采用了一些华为的GSM基站，覆盖了芭堤雅周边。我曾经的邻居和朋友Rene就曾在DPC工作。随着GSM用户越来越多，900兆赫用完了，1800兆赫的频率也变得很有价值，后来DPC为泰国最大的运营商AIS所收购。泰国销售代表是重庆邮电大学毕业的杨蜀，1998年，我们同时进入市场部，听徐直军讲C&C08如何通过插花方式进入大城市。

后来我还去了越南，通过"市场开拓三板斧"——技术交流、公司和样板点参观、开设商用实验局和入网测试——逐步实现GSM准入。销售代表是刘文军。

2003年9月，卸任移动国际行销部GSM总工的我来到了印度尼西亚，为3个无线项目善后。以我当时的资历，来做善后工作实在很委屈，但我还是勤勤恳恳地推动解决了各种技术问题，认真做了不少"擦屁股"的工作。印度尼西亚移动运营商Excelcom计划在美国上市，按照《萨班斯法案》，资产要精确到站点，于是启动了按站点交付流程，我和本地员工达尼（Dani）一起手工完成了所有的配置和发货清单等。几年后华为组织了一个团队专门来做按站点交付的流程变革，以及自动化配置工具，第一个试点就是印度尼西亚的Excelcom。印度尼西亚销售代表是张淼，他在1998年时任华为内蒙古GSM实验局主任。

华为终端公司刚成立时，我身上也背了1000万美元的终端销售任务，主要是卖无线固定台和CDMA手机给印度尼西亚电信和Bakrietel。

非洲GSM市场，在跨国运营商MTN上获得突破

华为的南非地区部负责的是泛撒哈拉（Sub-Saharan）地区市场，也就是撒哈

拉沙漠以南的非洲众多国家，这一带也是最为典型的非洲。

华为最早进入的往往是竞争不充分的海外市场，在这里，西方公司的产品和服务价格高昂。

基站是标准化产品，而且坏一两个也不影响网络的整体，所以只要够便宜，总有客户会动心。

MTN 是一家总部设在南非的跨国运营商，在尼日利亚和乌干达等国家有子网，一直都在使用爱立信的解决方案。MTN 的几乎所有成本都是刚性成本，唯有设备这块是具有弹性的。为了降低成本，让非洲老百姓能承担得起，MTN 决定引入第二个基站供应商，加剧竞争，打破爱立信一家独大的地位。

华为先参与的是乌干达的基站项目，这是整个 MTN 集团挑选爱立信之外的第二供应商的重要项目，有多个厂家参与。在 ETS 时代就参与了无线销售的韩郁挑头负责技术工作。

2001 年 6 月华为投标，经历几轮澄清，同年 11 月 20 日 MTN 集团宣布华为中标，成为 MTN 集团的第二供应商。

2001 年乌干达第一次标书澄清，右二为韩郁

客户经理岳伦终于签下了正式的供货合同，这是整个非洲大陆的第一个 GSM 项目。

在乌干达取得突破并完成前期拓展活动后，2003 年，华为进入了 MTN 的尼日利亚子网，卖了一些基站。

由于华为动了爱立信的"奶酪"，爱立信迅速降低价格并提升服务水平，华为再扩大市场就不容易了。

乌干达曾出现过埃博拉病毒，让人生畏，老百姓热情期盼 GSM，有了通信手段之后，生病可尽快得到治疗，疫情也可以尽快得到控制。

中东和北非的 GSM 突破

2002 年 4 月 21 日，突尼斯电信与华为签订了 300 万美元的 GSM 供货合同。10 多天后的 5 月 7 日下午，参与该项目的吕晓峰乘坐埃及航空公司的飞机从开罗到突尼斯，飞机即将降落时，由于起落架发生故障，在迫降过程中撞到山上，飞机当场折为两段，他幸而无恙。我仔细看过他的耳垂，颇大于常人。

中东和北非地区的 GSM 大规模突破则表现在 2003 年伊拉克与华为签订了战后重建 GSM 的合同。GSM 在当地开通后一卡难求，易明军写了一篇回忆性的文章，还提到了我。客户的首席技术官（CTO）是位很帅气的英国人，到访深圳时，我和他侃了整整一天的技术。

2004 年 10 月，沙特最大的电信运营商沙特电信（STC）与华为签署了一份 300 万线 GSM 软交换核心网设备购买合同，用于沙特 GSM 网络的扩容，覆盖沙特的多个主要城市。朝圣期间，华为的现场专家团队通过准确的话务趋势实时预测与模块负荷手工均衡的方案，成功地扛住了高流量冲击。移动国际总监范晖博士以前在中研就是做核心网的，有此突破，当年开心坏了。

拉丁美洲的 GSM 突破

拉丁美洲与北美洲相距很近，在 2G 技术上，当年主要采用北美洲的 D-AMPS

和 CDMA 制式，GSM 网络基本上是小网。华为在 2004 年前后开始在巴西小规模应用 GSM，第一个客户是小运营商 CTBC。

移动国际行销部荣获总裁奖

2003 年快结束时，华为在海外的移动业务销售额相比前一年翻了 10 倍，从 5 千万美元做到了 5 亿美元，占到当年海外收入的一半。移动国际行销部集体荣获了总裁奖，奖金丰厚。我尽管当时二度离开了一线，但隔着计算机屏幕，也感受到了喜悦。

移动国际行销部的上级主管部门是产品国际行销部，总裁是徐文伟，他给予了移动业务很多关注，这也为 2005 年他去欧洲任总裁拓展无线业务埋下了伏笔。

获得总裁奖后移动国际行销部的人员合影（2004 年年初）

从此之后，移动产品在华为的海外销售中所占的份额越来越大，而固定网络市场急剧萎缩。发展到今天，很多人家里都没有固话了，但是手机无论大小，人手一部。

当年国内超级难卖的无线基站，谁也没有想到，现在居然成为华为运营商业务里收入规模最大和盈利最为丰厚的产品。

海外需求推动了 GSM 的研发

2003 年，GSM 新品研发停止了，力量都在转向 3G。国内的 GSM 业务主要是卖边际网小基站，此外再无更多新的技术需求。

我任总工期间，努力推动了两个特性的开发。

一个是半速率，即将传统的一个信道——全速率（FR）或者增强型全速率（EFR）——变成两个信道。王家定在 Etisalat 3G 项目里带进了一个 GSM 实验局，客户提出了半速率（HR）的需求。

另一个是室外基站，就是在传统宏基站外面加个特殊的壳子，主要是做结构，不涉及任何电路板的开发。

海外并没有国内边际网室外型小基站的需求，但是华为接触了大量室外宏基站的需求。遗憾的是，早先立项开发的室外宏基站的特性无法满足需求。

室外站主要用在郊外，对温度、防水、蓄电池等有着特殊的要求。一个柜子不够，要用两个柜子，第二个柜子主要是放蓄电池。拉丁美洲的需求尤其强烈，那儿的人喜欢用这个东西。

新型号室外宏基站是一体化的解决方案，可快速建立网络，在海外成为一个拳头产品，近年在国内用室外型基站的情况也越来越多。很多森林公园里都有藏有天线的假树或者大柱子，下面一般放 3 个机柜，两个机柜是室外型基站（2G/3G/4G），一个机柜是传输和电池机柜。

压力接踵而来

海外市场在取得突破后却止步不前了，这与中间市场类似。GSM 基站长期亏损，一直靠 GSM 核心网补贴，一方面是由于基站技术很一般，另一方面是由于西方公司固守地盘进行抵御。

第 9 章

3G 的艰难突破

一 3G 在迪拜与中国香港起步

21 世纪之初，华为感觉全球 GSM 大局已定，作为新来者，华为期望在 3G 上可以弯道超车。

在 1999 年的北京通信展上，我第一次看到了爱立信主推的 WCDMA 制式 3G 业务的演示，十分震惊。该业务的手机侧是用另外一个基站来模拟的，有冰箱那么大。在 2016 年美国拉斯维加斯的消费电子展（CES）上，爱立信也用同样的方式演示了 5G 业务。当时我们唯有仰望，因为此时国产的 GSM 基站（2G）才艰难进入市场。

世纪之交，欧洲开卖 3G 牌照，价格高得离谱。英国就发了 5 张牌照，不仅牌照费用高达 100 亿美元，还对覆盖提出了苛刻的要求，要运营商在几年内实现城区 95% 以上的覆盖，这意味着建网成本也会很高。

在以爱立信和诺基亚为首的欧洲阵营的推动下，欧洲 3G 采用的是 WCDMA 技术，学名叫通用移动通信系统（UMTS），标准和技术基本成熟是在 2000 年。

考虑到当时华为的 GSM 基站也没有卖出去多少个（主要卖的是 GSM 核心网），大家没有同意在 GSM 上面采用这个技术，而是迅速转投到 3G 相关的预研之中。

3G 基站的块头大，好做；手机小，反而难搞。华为找不到手机，最初也是拿一个 3G 基站来模拟手机，将基站放到面包车里作为手机，在上海马路上转悠，打电话做测试。

早在 2000 年等待签证驻外期间，我有幸成为华为第一个在国际会议上发言的人，是由中国移动赞助的亚太无线会议。

我从 3G 研发部门那里要来了些 3G 的资料，整理了一套 PPT，我讲的是 R99 和 R4 两个标准的利弊。西方公司拥抱 R99，因为可以从现网直接演进。我们的建议是，反正是要到 R4 的，不如一步到位，华为参与竞争，以大幅降低价格。

3GPP 的 R99 标准以及其演进的 R4 标准在程控交换系统（核心网）架构上变化很大。传统的移动通信交换系统（核心网）可以从传统的 2G 网络先平滑演进到 3G 的 R99，这对现在的网络供应商（如爱立信等）是最有利的。因此，传统的 2G 设备供应商，如爱立信、西门子，都希望运营商先采用 R99 标准，这样他们的现有交换机可以平滑演进。华为则力挺一步到位实现 R4 标准。R4 基于全新的下一代网络（NGN）架构，是对移动通信系统的革命。传统交换机需要将原来的设备换掉才能支持 R4。如果运营商直接用 R4 标准，那么，对于新来者如华为，就可以和这些老供应商们站在同一条起跑线上。

在会上，我说："反正是要到 R4 的，不如一步到位，可以引入新厂家竞争，省钱！"当时其实我也不是真的有多懂，很多内容都是死记硬背下来的，我非常流畅地用英语讲了 40 分钟，只因背得太熟练了。

2002 年秋，法国电信有了在亚非拉子网中引入中国高性价比 GSM 设备的极其迫切的需求。我去了法国向客户高层进行技术汇报，在欧洲流动推广 3G 的李昌竹也见缝插针汇报了 3G。这是华为第一次向欧洲顶级运营商的高层做技术汇报。后来，法国电信干脆来北京成立了采购中心，拿捏着华为和中兴交叉砍价。法国市场最早是李红彬和凌利刚在做。

2003 年年初的 3GSM 展览（现在叫 MWC）上华为展出了全套 3G 设备；没有手机，就用一个粗笨的大盒子（UE）加上计算机来演示 FTP 以及流媒体业务（就是播电影）。

2003 年 10 月，阿联酋电信（Etisalat）要参加迪拜的海湾信息技术展（GITEX Dubai）。展前 20 天，他们提出想搞一个炫丽的业务展示：手机点播移动电视节目（包括新闻、体育和娱乐等），由基于视频流媒体平台的 3G 网络来提供。

2003 年 9 月，《人民邮电》报发表了名为《华为全面阐述对 3G 的理解，研发投入已超过 40 亿元》的报道，余承东在文中描述了华为的 3G 策略，华为重点投入 WCDMA，也在 CDMA 2000 和 TD-SCDMA（与西门子合资）两个标准上进行了开发，累计投入资金超过了 40 亿元。

王家定迎头而上，抓住了机会，华为在 3G 实验局设备上开通了这个业务进行演示，将 Etisalat 已经具备 3G 运营能力的信息告知全世界。过程中，华为还开设了一个 GSM 实验局，为 2006 年的 GSM 大突破埋下了伏笔。

随后，Etisalat 和华为开始了商用谈判，实验局设备升级也实现了商用，2003 年的 12 月 24 日正式运营。手机点播电视业务也由于其低成本、多频道和人性化功能而吸引了不少商业用户。

从这个时候开始，华为融入了全球 WCDMA 的 3G 阵营。西方公司如爱立信、高通等纷纷与华为签订了 3G 的专利交叉授权协议，华为承诺将支付不菲的费用，因此获得了入场券。

2003 年 12 月 18 日，华为与香港 SUNDAY 电讯公司签订协议，成为 SUNDAY 3G 网络与业务设备独家供应商。彭博是项目经理，陈向阳是销售代表。

3G 业务发展得很不顺利：一方面是缺乏刚需，当时大家满足于打电话和短消息；另一方面是手机芯片和手机发展缓慢。

3G 时代，运营商苦不堪言，不但交了昂贵的牌照费，还要达到覆盖要求。运营商不得已，就要求供应商提供融资建设方案。大家成了一条绳上的蚂蚱！

华为为此提供了巨额的融资，还出手购买了 SUNDAY 的股票为其托市，华为承担了巨大的风险。

彭博（现华为董事）

经过了大规模的建设，SUNDAY 的 3G 网络于 2005 年 6 月 9 日推出 3G 业务，但是 3G 用户增长缓慢，流量空洞。SUNDAY 于 2005 年底为最大的固网电讯盈科（PCCW）收购，华为投资的股票还升值了。2006 年 1 月，SUNDAY 采用了免费试用半年手机和网内通话，以及上网免费的促销措施，业内称之为"割喉"策略。短短一个月内 SUNDAY 获得了 31 万名申请用户，并成功发展了 11 万名用户。

为了树立 3G 的大规模应用样板，华为只能和 SUNDAY 深度绑定。无独有偶，2002 年 11 月，中国电信在香港首次公开募股（IPO）的时候，华为也去买了股票救场，也赚了不少。

不过，华为对入股运营商很不感兴趣。因为一个国家有多个运营商，投资其中一家，就会得罪其他家。

2004年春，华为和中兴等中国公司高调参加世界移动通信大会（MWC，当时叫3GSM）展览。华为展示了全套3G方案，包括3G手机。华为自行设计、开发的多款3G手机在2004年第四季度批量生产，随后在欧洲巡展。

任正非于2005年入选美国《时代》周刊"全球100位最具影响力人物"。这与华为在3G领域取得的突破是分不开的。

华为2002年研发出了基站使用的WCDMA基带专用集成电路（ASIC）。相对于DSP + FPGA的实现结构，ASIC功耗更低，处理能力更强。何庭波参与了这项研发工作。这个技术后来延伸到了广为人知的巴龙基带和麒麟系统级芯片（SoC）。

众所周知，WCDMA技术的大本营是欧洲。如果谁能在欧洲建立应用样板，那么其在全球都会有很大的影响力。

3G分布式基站创新使得全球基站的结构从此改变

华为的GSM边际网小基站在国内做得很有特色。所以在3G领域，做全系列基站的时候，华为自然也做了小基站，并希望以此作为打开海外市场的敲门砖。然而，小基站是国内的一个机会产品，在海外并未受到认可。

不过，摆弄着华为的小基站，却启发了大家。

荷兰有5家运营商，其中Telfort最小，也拿了3G牌照，但是资金很有限。

在欧洲，找站址是个难题。客户的很多机房里，已经有了2G基站设备，没有办法再放进去一个独立的3G宏基站机柜。如果要放，本质上是将基站拆开，化整为零，见缝插针，将3G基站做成分体式。

在双方头脑风暴下，华为提出了基于3G的分布式基站方案。

分布式基站把传统的宏基站设备按照功能划分为两个模块，其中把基站的基带、主控、传输、时钟等功能集成在一个称为基带单元（Base Band Unit，BBU）的模块上，基带单元体积小、安装位置非常灵活；把收发信机、功放等中射频装置集成在另外一个远端射频模块上，射频拉远单元（Remote Radio Unit，RRU）安装在天线端。RRU 与 BBU 之间通过光纤连接，形成全新的分布式基站解决方案。

采用这种方案，馈线电缆的长度将大大缩短，损耗因此减少，覆盖范围会加大，信号质量也得到提高。

经过计算，比起其他电信设备商主打的传统宏基站，建一张蜂窝网可以减少 1/3 的铁塔或楼顶站点，这就意味着初期建网投资直接节省了 1/3 的成本，更为重要的是，后期持续的运营支出也能大幅下降。

华为倡导并首先实现的分布式理念后来融入 4G 和 5G 标准宏基站，成为被广泛使用的基础技术。4G 基站的结构也整体改变了传统架构，就好像我们以前都是用空调的窗机（一体化的），非常吵，安装也很不方便，而现在都采用分体式。

通过一根很短的馈线连到顶上的天线，损耗很低

BBU 与 RRU 之间的接口一直没有能够标准化，要由同一个厂家提供；RRU 与天线之间的接口是标准的，天线是多个厂家供应的。

在 5G 应用中，RRU 和天线被合并到了一起，称为有源天线单元（AAU），集成度就更高了。

欧洲抢滩失败，被赶下海

2004 年年底，华为将 3G 分布式基站系统卖给了荷兰的 Telfort，而原有的 GSM 2G 网络是爱立信的。

Telfort 建 3G 网络只是要保住 3G 牌照（频率资源），因此，3G 的建设成本越低越好。因为当时基本上没有多少 3G 用户，所以也不用考虑什么网络质量。

一个国家有 3 家移动运营商最好，数目再多大家就都会很难过，因为不可避免地要兼并整合了。荷兰有 5 家 3G 运营商，最小的运营商 Telfort 的正确博弈策略就是业务上拼命杀低价，让老大超级难受，然后买下它！

Telfort 后来如愿卖给了荷兰皇家电信（KPN），实现了其商业目标。

Telfort 的原有网络也被 KPN 重组了，华为的 3G 分布式基站被爱立信整个踢掉了，随之华为的 3G 无线事业在欧洲陷入了一年多时间的沉寂。

就这样，华为第一次抢滩失败了。

徐文伟去欧洲

2005 年，时任产品国际行销部总裁的徐文伟突然接到老板的一个电话，让他去欧洲做销售负责人。他二话没说，拎着包就去了。

这个时候的欧洲，华为的收入规模很小，分分钟都可能消失在茫茫商海中。

欧洲本土就已经有了爱立信、诺基亚、西门子、阿尔卡特 4 家供应商，北美厂家如北电、朗讯、摩托罗拉也对欧洲市场虎视眈眈。连以无线通信始祖马可尼的名字命名的马可尼公司都竞争不过破产拍卖了。各家对华为虎视眈眈，华为真的有机会吗？

西方公司对华为进行了围追堵截。就好像在 2000 年后，华为好不容易在国内卖了些 GSM 基站，不少却被搬掉或者干脆堆在仓库里，华为不得不去偏远地区卖 GSM 小基站这样的缝隙产品。

沃达丰 3G 抢滩成功

2005 年 5 月，华为在沃达丰西班牙公司建立了 3G 实验局。建立实验局是华为拓展市场的一个利器，可以让客户切实地了解设备的水平，代价是花销和投入很大。

在西班牙马德里和塞维利亚之间有一条高速铁路，平均时速250千米，全程约4小时。电信运营商收到大量客户投诉，称在高速下的语音和数据覆盖质量非常差。运营商向现网西方供应商要解决方案，供应商给出了一个期限——两年。

但是在激烈的市场竞争下客户怎么可能会等两年，于是客户抱着试一试的态度找到了华为。华为的答复是，请给我们3个月时间。

当时，中国还没有时速250千米的高速铁路，唯一可用来模拟真实环境的，是上海市区到浦东机场的磁悬浮列车。华为跟磁悬浮列车运营公司商量后，在沿着磁悬浮轨道二十几千米的路程上建了23个站点，来验证技术解决方案。

一百多号人日夜奋战，放弃周末，加班加点，终于在3个月后，拿出了解决方案。

曾任沃达丰系统部部长的彭博回忆说，我们把相关的客户带到了磁悬浮列车，在磁悬浮列车上现场演示3G情况下的话音连续性和数据连续性，客户非常激动。通过这样的一件件小事，客户对我们的信任感一点一点建立起来，我们一点一点扭转了客户对华为产品、华为质量、华为创新能力的看法。

2006年7月，华为拿下沃达丰西班牙项目，在项目中采用了大量华为分布式基站来建设3G。这是华为3G基站在欧洲第一个真正成功的样板点和标杆。这个项目的规模比较大，华为在欧洲的工程实施能力由此得到了大幅的提升。

就这样坚持了两年，华为无线设备在西班牙抢滩成功。这次华为并没有被赶下大海，屁股坐稳了。

当时西班牙原有的2G网络与新建的3G网络是由不同厂家来提供的。在3G用户不多或者3G流量主要用作数据卡支持便携机上网的时候，这种采用异种机型的组网方式在技术上是可行的。不过此时，话务量主要还是在GSM网络上。

就这样，华为在3G大本营欧洲有了很好的样板点，影响很广。

拓展商业模式

大家知道，竞争过程中最大的武器是性价比。但是外企已经占据了地盘，如果华为去替换，原有的容量成本怎么算？替换过程中的成本怎么算？这都是客户要考虑的问题。

光是拼设备价格还不够，此时华为还引入了总体拥有成本（Total Cost of Ownership，TCO）的概念。

引入 TCO 之后，还要引导客户计算和考虑站址的租用成本、能耗成本、维护成本等，这实际上改变了商业拓展模式，将传统的比设备裸价，改为比生命周期里的总成本。

第 10 章

戴辉孤身拓展马尼拉 GSM 项目成为转折点

一、全球都为 3G 所吸引，认为 GSM（2G）会迅速消亡

2004 年，全球通信界已经从 2000 年的 IT 泡沫中恢复过来了。

发达国家 / 地区基本上都发了 3G 牌照，中国作为全球最大的手机使用国，也即将发放 3G 牌照了。

电信业界普遍认为 GSM 将不断退网，3G 将逐步扩容并接管绝大部分业务负荷。

各厂家都是在 3G 基站上采用全新的设计（软件无线电 + 线性功放），因此，3G 基站都不能兼容 2G，各厂家基本都放弃了 GSM 基站的继续开发，爱立信除外。

当年，大的运营商（如泰国 AIS）也纷纷希望 GSM 逐步退网，腾出宝贵的 900 兆赫频点来给 3G 使用。

华为在全球的 GSM 基站存量份额非常小，在市场份额表中都归属于"others"（其他），同时，GSM 基站长期亏损，所以，华为有更大的意愿和动力去弯道超车，

全力拥抱 3G。

华为大大削减了 GSM 的研发力量，全力投入 3G 的研发之中。GSM 基站研发部门只是维护老版本，不再开发新产品。

华为的 BTS 3.0 基站是在 1998 年整体设计的，后来虽然有优化，但在集成度、功耗和可维护性上和爱立信的基站相差甚远。

BTS 3.0 基站只支持后出线（不支持前出线），连贴墙安装都无法支持，只适合面积大的农村机房。城市里的机房面积往往很有限，不能贴墙安装会浪费不少空间。基站控制器基于 C&C08 的 32 模平台，体积非常庞大。

但是，我为什么会认为 GSM 还有很大的机会，并一个人坚持在菲律宾拓展大城市的 GSM 项目呢？

2004 年 9 月，我孤身一人来到了菲律宾马尼拉。当时办事处已经关闭，不再有中方常驻人员，车子和投影仪都卖了，只有本地秘书 Sherry 最后留守，将历史文档搬到 Corporate 88 楼一个 80 平方米的办公室里。她也不知道自己还能干多久。

当时菲律宾拥有 8000 万人口，移动通信普及率已经高达 40%。一方面，华为认为菲律宾的 GSM 市场已经饱和，新建 GSM 的机会已经很小了；另一方面，菲律宾 3G 牌照的发放又没有时间表，所以 3G 并没有明确机会。

但是当年的我已经"玩"了 6 年移动网络，早已经成精了。

Corporate 88 楼里有几个呼叫中心，让我有机会好好地观察菲律宾的年轻人。我发现他们都是"拇指一族"，单手发短消息，速度非常之快！

菲律宾街头也售卖很便宜的充值卡，用于主叫打不了几分钟电话，但对于发短消息绰绰有余（接电话是免费的）。

尽管 GSM 新机还要千元（人民币）以上，但是二手机只卖两三百元而已，已经超级便宜了。市面上流通着大量的存量二手机。越来越多的老百姓成为新用户。

GSM 提供的语音、短消息和 WAP 低速率数据业务，在当时已经很好地满足了老百姓的需求。老百姓并没有什么 3G 业务的需求。

根据以上因素，我认为菲律宾的 GSM 还有相当长的生命周期。这不是一个夕阳产业，而是一个迅速发展的正当盛年的产业，菲律宾的 GSM 市场大有希望。于是我委托杨焰曦向国际营销总裁胡厚崑提出了申请，并获得了同意。

经过充满激情的半年努力，我为第二大运营商 Globe 做了一个归属位置寄存器（HLR）项目，这是一种基于软交换的大容量 HLR，之前在泰国 AIS 艰难商用成功。尽管技术和商务上都排名第一，但该项目还是出局了。

当时菲律宾有 3 个运营商，但是第一大 Smart 和第二大 Globe 共有 95% 的市场份额。这次失败也印证了华为当初关闭菲律宾办事处的原因：新厂家没有机会了，即使你的技术再好，价格再便宜。

华为"重回马尼拉"的消息传到了第三大运营商 Digitel（品牌为 Sun Cellular）耳朵里，经过接触之后，Digitel 与华为有强烈的合作意向。这家运营商比前两家要小很多，正在走"网内无限通话和短消息"的模式，并吸引了越来越多的用户，网络已经开始拥塞。用户中很多同时拥有 Smart 和 Globe 的手机，还要配一个 Sun Cellular 的卡来"煲电话粥"。

Digitel 的容量一下子爆满，需要扩容，但是 Digitel 对设备的性价比有很高要求。Digitel 以前使用阿尔卡特的设备，扩容成本过于昂贵。

我紧急呼唤，在越南代表杨焰曦的支持下，亚太地区部销售融资线领导陈涌来了。Digitel 董事长 James Gokongwei 拉来公司所有高管，听取了我的汇报，并给了我一个很高评价："谁说中国人的英语不好？小伙子你什么时候有空，我要请你吃饭！"

最初 Digitel 只考虑让我们参加外围的建设，随着交流的逐步深入，逐渐将首都马尼拉整体搬迁的项目交给我们做方案。但 Digitel 其实并没有下定决心，只是拉我们来杀阿尔卡特的价格。

陈涌协调亚太地区部先后派来了两位客户经理夏孟根与杨华（后来担任菲律宾

国家代表）投入该项目。

技术部分主要是我一个人负责。很多时候，就是我一个人和客户汇报、交流和谈判。客户的各种需求层出不穷，由于涉及现网更替，包括微波、电源、计费等各种问题都来了。

我因为技术好、英文好，在谈判桌上经常是据理力争的一方（红脸），然后让客户经理来做白脸。其实我也想做好人啊，但是身不由己。如果我先让步了，后面就要让步得更多。

搬迁之后要实现的网络指标是非常难谈的。华为其实并没有事先做网络规划，而是按照客户给出的配置直接报价的，这成为谈判的"死锁"（dead lock）。经过友好协商，双方确定以 50 个基站为一个集群验收上线。如果全网指标不能全部达标，则一次性赠送 12 个 S111 配置的基站。大家都知道，这 12 个基站肯定是要送的，相当于一次性降价，于是顺利解决了验收指标的问题。这个条款相比"全网指标验收"的方式，对华为有利很多。

菲律宾的税收制度接轨西方发达国家。项目分为在岸（onshore）交付部分和离岸（offshore）交付部分，涉及复杂的税制安排。有一天，我和客户负责商务的人士居然谈妥了这个条款，最大程度地保障了项目收益。

项目终于成功签单。

由于工期很短，紧急要货时，我打电话给计划员问备货情况，他说："没有为菲律宾项目预先准备物料。"我说："我每次项目的成功率都写的是 90% 啊！"他说："只有写 100% 成功的 GSM 项目才可能预先备货！"幸运的是，一个写 200% 概率签单的项目居然丢了单，货又有了，这才解了燃眉之急。

徐直军访问了菲律宾。Digitel 董事长、华裔富商 James Gokongwei 说："你们的对手告诉我，在这样大的城市里整网替换，全球没有先例，不可能完成。现在全菲律宾甚至全世界都在等着看我们的笑话！我们现在是同一个团队！"

马尼拉都市圈人口众多、非常拥挤，在搬迁替换过程中，无线网络优化很难做。我尽管有过在乌兹别克斯坦首都做搬迁项目的成功经验，但是马尼拉城市人口规模比乌兹别克斯坦大了 10 倍以上，这好比在飞行的飞机上换发动机。

我离开菲律宾的时候，菲律宾市场人强马壮。与一年前相比，是冰火两重天啊！

左二为作者戴辉，左三为代表杨华，左十为夏孟根

华为率先从全球 3G 之惑中走出来，全力突击 GSM 市场，尤其是核心区域。

从整个业界来看，菲律宾项目是全球第一个在千万人口的超大型城市里进行的 GSM 整体替换项目，为马上到来的全球网络新旧更替做了很好的样板。

大城市基站密度高、站型大、扩容快，菲律宾项目在后来几年之内都是整个亚太地区利润最好的 GSM 项目。2005 年菲律宾项目刚交付完毕，2006 年 3 月又大扩容 5000 万美元，华为赚得盆满钵满。大城市未来还能升级 3G。一鱼两吃，华为终于找到了赢利模式！

胡厚崑负责销售服务体系，从这个项目可以看到，GSM 是很有前途的，尤其是对核心区域的市场，值得大力投入。3G 在当时并不是发展中国家老百姓的刚需。

回头看数字程控交换机，1996 年，华为 C&C08 程控交换机进入一线城市广州和深圳，这是华为成长过程中的伟大一跳。同样，2005 年的菲律宾项目是华为在全球的第一个高密度 GSM 基站项目，也是华为 GSM 的关键一跳。

我在《华为人》报发表了一篇文章：《重回马尼拉》。文中提到了一句话：没有抢到 2G 的地盘，就一定能抢到 3G 的机会吗？

因为我有前车之鉴。2000 年的时候，华为希望通过在原有 GSM900 网络基础之上建设平行的 GSM1800 网络而进入市场，结果惨败。

21 世纪初，全球都觉得 GSM 将逐渐退网，未来全是 3G。但我发现 2G 将长期存在，而且承载了大部分的话务量。

2G 和 3G 是两个平行的网络，但是用户在两个平行网络之中上蹿下跳，在客厅的时候还有 3G 信号，一到洗手间可能就只有 2G 了。另一方面，要在两个网络之间做容量的分配和业务的分配，需要非常复杂的算法。如果 2G 和 3G 基站由不同厂家提供，那么两个平行网络之间的切换会让网络质量急剧下降。

从发展角度来看，即将到来的 3G/4G 只可能应用在人口密集地区。如果该地的 GSM 网络不是你的，那么 3G/4G 就没有根，即使加入进去也容易被踢走。

举个不太恰当的例子，如果一栋楼房的一层是你盖的，你就有很大的机会拿到二层建设的机会，如果一层不是你盖的，要去抢新建二层的机会，最好将一楼拆了，将一二楼一起来盖。所以项目首期往往亏损或者不赚钱，但是之后修建二楼、三楼、四楼时可以再去赚钱。

建立超高密度城区的网络规划能力

华为第一次采用大规模的彻底搬迁模式后，该模式被广泛复制，这就是所谓的"整网建设"思路。

2017 年，华为上海战略会议后，由任正非签发的文件《方向只能大致正确，而组织必须充满活力》（潘少钦执笔）中写道，"我们只有固网的市场眼界，不知道无线不能插花（注：意思是还要叠加），只能是整网建设"，就是这个意思。

《菲律宾 Digitel GSM 成功之道》中写道："短短 3 个月时间，华为即完成了约 4000 个载频的调整，比客户要求的交付时间提前完成，得到了客户的高度赞许。同时，原有的机房、铁塔、电源、传输和天线等资源都获得了充分利用，为 Digitel 节省了 40% 的投资成本。华为先进的网规与网优工具和强大的网络规划以及优化能力保证了网络调整过程中的平稳过渡和调整后卓越的网络质量。

华为赠送给客户一套自研的 Nastar 网络规划软件，在马尼拉项目中获得了锤炼，后来成为华为金牌技术支持（GTS）体系的王牌产品。

马尼拉成为华为 GSM 新技术的练兵场。2005 年至 2007 年，华为开发的 GSM 新技术，如增强型数据业务（EDGE，所谓的 2.75G）、双密度基站、半速率（HR）等，都在这里采用，因为只有这里话务量够大。

华为 2007 年官方发表的文章《成功源于持之以恒，华为 GSM 十二年》，对 Digitel 案例进行了大量描述。自 2003 年正式开通运营 GSM 网络以来，因为网络结构不合理，网络拥塞情况严重，特别是在菲律宾首都马尼拉，华为 GSM 网络室内和高楼的覆盖效果远远不如竞争对手的网络，到 2005 年仅发展了 110 多万用户。但是在采用 EnerG GSM 解决方案调整完网络后，原网拥塞严重、影响商务发展的问题得到了解决，并攻克了室内覆盖一直不好的难题。良好的网络质量吸引了大量用户，用户数量和话务量都迅速增长，2006 年用户数突破 300 万。同时，新的网络全网基于 EDGE 技术，可以给用户带来更丰富的业务体验。

华为后续在菲律宾市场签订了超大型合同

2011 年，菲律宾最大运营商 PLDT（旗下有最大移动运营商 Smart）收购了 Digitel，包括旗下移动品牌 Sun Cellular。大股东 JG Summit Holdings 开心地退出。

全球进入 3G 和 4G 时代之后，华为在菲律宾又签订了 5 亿美元的大合同，并且大大地提升了一站式（Turnkey）交付能力。

一 中国公司不同的重点产品策略

在 2003 年以前，华为和中兴的收入规模是差不多的，都是 200 多亿元人民币。

中兴在海外偏重 CDMA 项目，华为在海外偏重 GSM。

2005 年，菲律宾当时也有一个上规模的 CDMA WLL（无线市话）项目。

当年，华为和中兴各有 5000 万美元收入，但是两家公司后来的发展走上了不同的道路。

GSM 运营商的用户发展很快，而 CDMA 运营商的发展却不那么顺利。

震有科技专攻核心网，在印度等国应用，与 UT 斯达康有合作。

网络设施供应商（如中兴、华三）和手机供应商进入了海外市场。

国产配套产品，如 SIM 卡、天线、直放站、蓄电池、电源搭船出海。

第 11 章

华为下决心努力拓展海外 GSM 市场

2005 年至 2008 年，全球 GSM 市场出现了一个极其宝贵的窗口期。华为抢到了这个机遇，在全球都获得了巨大的地盘，这是华为迈向成功的关键。

一 世界集体误判，华为率先冲出

2005 年下半年，华为原来的移动国际行销部被拆分：GSM 业务和 3G 行销合并为 UMTS&GSM 行销部，由余承东负责（代表 3G 的 UMTS 刻意放在前面以示重视）。移动国际行销部的老领导范晖和于向萍则负责 CDMA 产品（后来又加上 WiMAX）的全球销售。

华为将国内和海外的业务进行了合并。原国内移动行销部负责人侯金龙去鼎桥公司担任 CEO，负责 TD-SCDMA 业务的拓展，鼎桥公司是华为和西门子在 TD-SCDMA 领域的合资企业。

2005 年年底，我回到总部，来到了余承东领导的 UMTS&GSM 行销部。当时大家的看法是，GSM 没有什么好卖的了，要卖就卖 3G，甚至传说准备删掉部门名字中的"GSM"，直接叫 UMTS 产品行销部。

严格说来，这是整个世界的集体误判，华为也是"只在此山中，云深不知处"。

而随着时间的推移，华为成为第一个清醒过来的供应商。

当时的全球销售架构是，全球销售与服务体系负责人胡厚崑，旗下有全球销售部（丁少华）、全球产品行销部（李杰）、全球技术支持部、新成立了全球 Turnkey 交付部（王诚），都是一级部门。

我很快离开了老余的部门，来到了全球销售部下的策略部工作，负责人先后是刘崎（我的亚太部老领导）、周道平。该部门后来升格为一级部门，直接向胡厚崑汇报。

2006 年至 2007 年，华为复制菲律宾模式，整体搬迁了成都的原有网络，大获成功，还获得了包括巴西 Vivo、巴基斯坦 Ufone 和埃及三牌（母公司都为阿联酋 Etisalat）在内的 GSM 无线大网项目。余承东迅速将部门名称修改为 GSM&UMTS 行销部，GSM 放在前面表示重视！

2006 年开始，联发科的 GSM 手机芯片出来了，深圳出现了大量的手机公司。GSM 手机的价格降到了一两百元人民币，这使 GSM 在全球爆炸式发展。另一方面，3G 手机太贵，3G 商业模式也还没有发展起来，因此 3G 发展非常缓慢。

经过系统梳理，华为发现在发展中国家存在着 3 个系统性的战略机会点。

- 新网机会：GSM 新牌照运营商在中东、北非地区不断涌现，最有名的是埃及。
- 转网机会：在拉丁美洲，TDMA 网络（AMPS）和 CDMA 网络向 GSM 转网方兴未艾。
- 搬迁机会：弱势基站供应商是西门子、朗讯、北电等，弱势机型整网搬迁其实是华为获得的最大的市场机会。

拉丁美洲转网机会

巴西最大也是南半球最大的移动运营商 Vivo，采用的是高通主导的 CDMA 技术。Vivo 是西班牙电信与葡萄牙电信的合资企业。

2006 年，Vivo 公开宣布将逐步放弃 CDMA，转而使用 GSM 技术。这不仅是移动通信行业里的大新闻，也是 CDMA 没落的重大信号。它同时也说明，在某些地方 3G 尚未成熟，2G 网络依然大有可为。

Vivo 的 GSM 新网由爱立信与华为共同建设。

从 1999 年至 2004 年，华为用了 5 年时间才进入巴西的 GSM 市场，又用了两年尽心尽力地交付了几个小的 GSM 项目，才有机会与爱立信一起并肩获得 Vivo 超大项目。

前面提到，2006 年，华为在西班牙沃达丰建设了 3G 网络。这对西班牙电信是有很大的影响的。2006 年 8 月，西班牙电信集团董事长 Cesar Alierta 先生在宣布选择华为承建近年来最大的移动项目——巴西 Vivo GSM 网络——时就表示，现在选择 GSM 供应商也就是选择未来的 UMTS 供应商。为保护我们的长期投资，供应商所提供的设备必须具有面向未来平滑演进的能力，这一点是非常重要的。华为在业界推出的 EnerG GSM 解决方案，采用 3G 技术设计 2G 系统，大幅提升了网络性能，同时也支持面向未来的平滑演进。Vivo 的名字和中国手机公司的名字真的是一样的。

— 中东和北非的新网机会

2007 年，我去了埃及调研。华为当时先后取得了巴基斯坦 Ufone（2006 年）和埃及三牌（2007 年）项目。

埃及市场当时只有两个运营商形成垄断态势，要有 3 个运营商（埃及有 3 张牌照）才能彼此有序竞争，这就是伟大的博弈。埃及公开拍卖 3 张牌照，总部在迪拜的 Etisalat 中标。

Etisalat 的阿拉伯客户谈判本领很强。客户扬言，整个埃及网络只给一家做，然后在华为和爱立信之间相互压价，双方都遍体鳞伤。最后的结果确实客户给两家各一半的市场。如果只给一家做，无法形成竞争，而且工程也实施不过来。

作者戴辉在红海边上的酒店里和地区部同事研讨 GSM 销售模式

如果早知道这个结果,双方就可以合作。这就是典型的"囚徒困境"。

2006 年 9 月,华为与巴基斯坦第二大运营商 Ufone 签订了 5.5 亿美元的 GSM 扩容合同,项目将采用华为的 EnerG GSM 解决方案全网替换原网老旧设备,以覆盖巴基斯坦全境 1500 多个城镇。这是一个 Turnkey 项目,也包括土建。

为了抢得这两个项目,华为不仅在商务上承受了巨大的垫资压力,还在 Turnkey 服务上下了极其巨大的决心。

埃及项目涉及大量新站址的获取,都要华为去做。第一期项目,Etisalat 连采购订单(PO)都没有给华为正式发下来,华为就直接垫资去交付了。

━ Turnkey 工程能力的极大提升

我的老领导,原华为常务副总裁和首任亚太地区总裁王诚担任了新成立的

Turnkey 业务部的总裁。在发展中国家，这对于华为而言是一次很大的能力提升。

实施大型项目的能力分为 3 个层次：一是管好自己的设备、无线网络规划和优化；二是掌控周边的设备，如微波与光、计费对接和电源等，这叫系统集成；三是土建与市政工程等 Turnkey 能力，包括站址获取、铁塔建设和机房建设等。

前两项能力都是纯技术，华为的能力在菲律宾 Digitel 项目中都获得了很大的提升；第三项能力则与地域关系非常大，需要按每个地域来建立本地化的能力。

新站址的获取是最耽误时间的。大家都知道，获取站址因为涉及电磁环境，最难的是搞定居民的签字。

在埃及和巴基斯坦的项目中，华为想到了一个绝招，拿着现金去现场，周边住户一签字就现场发钱！简单粗暴，但是大大提高了新站址的获取速度。

在印度市场寻找低成本交付模式

2001 年我在印度的时候，那里的电话渗透率只有 0.3%。2007 年我旧地重游时，德里的大街小巷随处可见中国产手机，在这里中国货已经成为科技产品的代名词了。

印度的电信基础非常薄弱，为了大力发展电信行业，印度邮电部为 CDMA 无线本地环路（WLL）提供了非常优惠的政策倾斜。很有意思的是，这就是当年华为希望中国电信采用的 WLL 思路。印度有了好多飞速发展的 CDMA 运营商，如 TATA、Reliance、BSNL 等。

2007 年以前，中兴在印度市场拿了好几个大项目（都是 CDMA），而华为毫无斩获，原因何在？

第一个障碍是资质。

印度的 CDMA 标书上指出，竞标厂家的产品要能在全球 30 万线以上的 CDMA 网上应用，但并没有要求一定要是基站。

当时我在移动国际行销部担任 GSM 的总工，我知道华为尽管在 CDMA 基站上份额很小，但是在 CDMA 的程控交换机上还有好些份额，我就找了管琛帜，请国内几个省的兄弟们开出了用户报告。华为因而顺利参与投标。

印度市场最大的障碍其实是成本。

2005 年，华为中标了印度公网 BSNL 的一个大型 CDMA 项目，但是核算起来，觉得亏损厉害，就放弃了。当时华为租了很大面积的写字楼，也只好退租了一半。

2017 年，华为在上海战略会议后发表的《方向只能大致正确，而组织必须充满活力》一文中也写道："华为不是处处都正确，而是经常犯错误，印度市场摔过大跟头！"

但是为什么同样的低价格，中兴在印度能中标并且成功交付呢？

不入虎穴，焉得虎子！2007 年，华为决定直接跟价中兴（投标后的商务信息是公开的），最终拿下了一个 CDMA 基站的超大项目。中印员工一起绞尽脑汁，倒逼成本下降，结果发现原来真的可以不亏钱！于是得出结论：毛利大于 0 就可以做，对于印度市场，不用考虑摊销华为的平台成本。

印度公网的项目都超级大，上万个基站也很常见，价格也低到了极限，所以爱立信、中兴等公司都不按常规方式来摊销公司的管理和平台费用。毕竟，总比什么都没有得到要强。极端情况下，印度项目只要满足毛利润率大于 0 就可以了。做印度项目本身并不怎么赚钱（当然也不能亏钱），但是可以极大地拉动出货量，从而使得整体制造成本下降。

华为在全球销售与服务体系中成立了降成本项目组，我也是成员之一。从此，华为的 GSM 无线基站设备都是以印度市场的价格作为基线来实现成本目标。如果印度都不亏钱，那么其他地方一定可以获得很好的利润。

余承东后来有个口头禅：海量发货的成本基线要瞄准印度！

经过这样一个项目，华为终于彻底扭转了自己在印度市场的形势。不过，印度市场的波动一直挺大。

印度从 2000 年的 0.3% 的电信渗透率，发展到今年（2021 年）人手一部手机，中国企业真的功不可没。

内部产品线调整，核心网与无线分开

经历了 2006 年的巨大市场洗礼后，2007 年，华为对产业做出了巨大的变革。

首先，华为将固网程控交换与移动核心网整合为核心网产品线。固网核心网继承自 C&C08，一直是单独的产品线，但是随着无线技术的变化，业绩一路下滑。而无线的核心网发展蒸蒸日上。二者本来在技术上就是差不多的，所以将其合并。

然后，华为成立了 GU 产品线。以前 GSM 和 3G 产品研发是两驾马车，现在大家发现，它们原来是统一的市场，所以将 GSM/3G 的无线（以及 PS 域）强势产品整合为 GU 产品线，成为华为运营商业务里最重要的产品线，也就是今天华为独孤求败的本钱所在。

另外，华为还将 CDMA 与 WiMAX 等弱势的无线产品整合为 CW 产品线。产业衰败其实大家都看得很清楚，该产品线实际上在寻求用最低代价退出市场。

聚焦国际运营商与高价值运营商，创造新商业模式

2006 年到 2008 年，全球销售策略部苦心研究全球 GSM 格局和市场策略。华为对全球 GSM 主流运营商的市场提出了"攻山头"和"炸碉堡"的"作战"计划。在市场战略上，华为大量采用了与菲律宾项目类似的大规模搬迁替换的方式进入市场。

欧洲的大运营商都在全球布局，如果华为没有亚非拉市场的广泛成功，欧洲运营商也难以大规模使用华为的设备。我于 2002 年向法国电信（FT）汇报时，就感觉到他们非常关注亚非拉地区。

我结合自己丰富的实战经验，总结出了优惠券（voucher 或 coupon）、回购（buyback）、分区报价等创新的商业模式，对一线帮助挺大。

2008 年某百货商店"买一百送一百"三天三夜不打烊的做法，启发了我赠送优

惠券的思路。

全球销售策略部研讨会

之前华为的产品体系并不是没有用过优惠券，但在核算成本的时候，采用了一个过于保守的方法。假设你签了 100 元的单（成本 60 元），送了次年 40 元（预计成本 24 元）的优惠券，公司核算部门就直接认定你的收入是 60 元（100-40），再一核算成本 60 元，于是看似没有任何毛利润，就不能做这个项目了。

我则认为计算方法应该调整：收入还是 100 元，成本是 60+24=84 元，还赚了 16 元，这个项目当然可以做！

考虑到电信产品的成本其实是随时间下降的，而使用优惠券时，单价必须持平之前的单价，所以毛利润还可以提升。

我们还可以为优惠券加一系列限制条件，进一步锁定市场份额或者提高利润。生活中这样的案例很多，比如限制优惠券只能抵扣一定比例（消费 100 元只能用 50 元优惠券），或者要用在某个毛利润高或有战略价值的产品（如不能用于消费酒水）上。

这样一来，大家就豁然开朗了，只不过是一层窗户纸，一捅就破。

当年华为的财经体系在搞变革，大规模使用优惠券对财经体系是有一定冲击的。财经体系和 IBM 顾问找我一起开了几次会，使得优惠券策略得以顺利落实和大规模推行。

另外一个策略是回购，这是一种会计操作手法。客户的老旧设备往往还有一定的残值，在替换的时候，通过回购老旧设备的方法，可以使客户的报表上不会出现资产的减值。

同样，我们将车子卖给车行，在购买新车的时候可以获得很大的折扣。这是一种互惠互利的做法。苹果手机也有类似的做法。

我个人因商业模式的创新获得了销服策略特等奖，奖金人民币 50000 元。这是我有生以来获得的最大单笔奖项。

GSM 的生命力真的长得不可想象。在 2012 年，华为的 GSM 销售额依然高达 30 亿美元，直到今天，依然还在销售。

如今中国移动的 3G 网络已经退出服务，但一直保留 GSM 网络。中国联通早提出了 GSM 退出服务，但是迟迟难以执行。

传音科技的 GSM 功能机出厂价仅仅七八美元一部，发货量巨大，在非洲有大量的用户群。展锐也称其 GSM 芯片在欠发达地区用得很多。GSM 功能机有一个突出优点，就是待机时间非常久，充一次电甚至可以撑十来天。

第 12 章

GSM 与 3G 融合 SingleRAN 大突破

2006 年下半年，华为内部统一了思想，判断出 GSM 依然是无线的主力，而 3G 逐步发展，以前认为 3G 将很快替代 2G 的思路是不对的。

同一个基站，既可以支持 GSM，也可以升级支持 3G 和 4G。SingleRAN 技术既满足了客户当前的用户和话务量主要来自 GSM 的现实需求，又可逐步演进，从而保护客户的投资。

要实现 SingleRAN，先要实现多载波这样一个技术基础，这是由华为上海研究所与莫斯科研究所合作实现的。

徐文伟在题为《后香农时代，面向数学的十大挑战问题》中指出："2008 年，华为专家与俄罗斯数学家一起，用非线性数学多维空间逆函数，解决了 GSM 多载波干扰问题，当时攻克了 2G、3G 基站合一的难题，现在实现了 2G、3G、4G、5G 基站融合，基站功耗降低 50%，集成度大大提升，帮助华为无线一举在欧洲甚至全球取得领先地位，数学家真是功不可没。"

一 双密度基站大幅降低 GSM 基站成本

从 2006 年下半年开始，大量 3G 研发人员奉命调回开发 GSM 新产品。

当时，华为的 GSM 基站产品（BSC 和基站）成本太高，集成度太低，相比爱立信已经落后了整整一代。

"定位决定地位，过去 GSM 长期被定位于二三流的目标，结果做成了三四流的产品，真正打败我们的是我们自己，不是别人。追求的高度决定最终的格局，要做就做第一！"这是余承东的话。

2006 年下半年，一款肩负改变 GSM 命运的产品——双密度基站——正式启动开发。"竞争力必须做到行业领先，GSM 反败为胜在此一举。"GSM 产品线总裁何刚说。

以前一块收发信机（TRX）单板只能承担一个载频，华为后来研发出将两个单密度射频模块封装在一块单板内的 GSM 双密度载频模块，成倍地提高了基站的容量和集成度。这个技术可以显著提高基站的容量，降低成本和功耗。

同时这也意味着，华为在 GSM 基站产品方面追上了爱立信。这是华为相比西门子、北电等弱势 GSM 厂商最大的竞争优势。

华为在全球率先实现多载波技术

无论是现在的双密度模块，还是以前的单密度模块，其本质上都属于窄带单载波技术，即每一个载波对应一个独立的射频通道。一个 TRX 只能支持一个载频（200 兆赫）。这样每个载频都需要单独的功放模块和供电模块，扩容的时候，成本接近线性增长。

多载波功放（MCPA）技术早在 2002 年就已经在 3G 基站上得到商用，WCDMA 就是宽带多载波制式，而 GSM 仅有 200 千赫带宽，频带越窄，中频（IF）和数模转换（DAC）的设计难度就越大。

于是华为决定在 GSM 上开发多载波，并于 2007 年由华为上海研究所射频领域的首席专家、公司 Fellow 吕劲松率领射频算法团队，与莫斯科研究所一起攻克。这就是所谓的"3G 技术反打 2G"。

一个 MCPA 需要支持 6 个 GSM 载波，3 倍于传统的双密度载频模块。使用多载波技术后就不再用传统的宽带合路器或空腔合路器了,功率从载频输出之后的损耗大幅减少,因此在同样覆盖范围下所需要的载频功率大幅降低,可实现功率资源共享(功率池),灵活地实现覆盖与容量模式之间的动态转换。

华为是最早实现 GSM 多载波技术的公司之一,对全球移动通信产业做出了贡献。

一 华为以 SingleRAN 技术超越对手,并在德国市场率先取得巨大成功

SingleRAN 技术是沃达丰与华为成立的联合实验室提出的,可以认为是运营商和供应商头脑风暴的结果。

GSM 自 20 世纪 90 年代问世以来,生命力愈加顽强。联合实验室的工作人员一起研讨如何从 2G 向 3G 演进,提出了研发 2G 和 3G 兼容基站子系统的想法,SingleRAN 的概念就此诞生。

沃达丰希望华为提供解决方案,能建设一个初期支持 GSM,后期可以通过软件升级到 3G 的网络,这样投资就可以得到很好的保护。

在此之前,2G 和 3G 是两个平行的无线网络,一旦采用 SingleRAN,就会变成一个统一的网络——结构更加简洁,维护更加方便,节省了机房面积,降低了功耗。硬件做了更好的共享,使得升级成本下降很多。

沃达丰提出这个设想的时候,世界上没有一家公司能够实现,包括"无线技术甲天下"的爱立信。

2G 和 3G 的技术很不一样,要合到一起并不容易。2007 年,华为开始研发同时兼容 GSM 和 3G 的基站(SingleRAN);2008 年,通过复杂的数学算法,华为采用了软件无线电(SDR)和线性功放技术,以多载波技术为基石的 SingleRAN 解决方案问世。

这给移动通信产业带来的强力冲击,绝不亚于一次革命,一举奠定了华为在无线通信行业的优势地位。

2008 年，在德国由西班牙电信（Telefonica）投资的 O2 项目中，华为成功交付了业界第一个 2G/3G 融合的 SingleRAN 网络，一共 8000 个 GSM 基站（部分基站同时支持 3G），替代了原有北电网络的 GSM 设备。华为的双模基站不仅可以帮助 O2 大幅降低机房租赁、安装和运输成本，而且降低了未来向 3G 演进的成本。

实际上，这只是 SingleRAN 的第一个版本，华为第一次在无线技术上实现了领先，之后逐步走向成熟。

欧洲移动市场的三大突破

徐文伟担任欧洲总裁期间（2005 至 2008 年），针对 3G 产品开展了三大战役。

第一大战役是 2G/3G 基站大规模突破，见上节所述。

第二大战役是大规模突破核心网电路交换（CS）域，承建匈牙利 IP 多媒体子系统（IMS）商用网络。

核心网里面存储了用户数据和使用行为，是与网络安全密切相关的设备；无线基站则是透明传输，与网络安全关系不大。

华为、Comverse 与德国电信集团的控股公司匈牙利电信（Magyar Telekom）签订了全网商用合同。根据合同，华为将为匈牙利电信旗下的 T-Com 和 T-Mobile 提供基于 IMS 的网络和部分业务，建设覆盖匈牙利全国的 IMS 商用网络；Comverse 将提供其他的 IMS 业务和应用。

在匈牙利电信选择 IMS 合作伙伴的过程中，华为 IMS 解决方案凭借着完备的端到端能力和丰富的业务脱颖而出。在本项目中，华为提供全套 IMS 网络设备、丰富的 IP 多媒体业务和应用、融合业务以及多样化的终端。同时，结合 IP 电信网技术，华为 IMS 解决方案提供端到端服务质量（QoS）保证。匈牙利电信 CEO Elek Straub 对于双方的合作给予了高度评价："凭借华为创新的、定制化的解决方案，T-Com、T-Mobile 可以更多、更快、更好地向用户提供丰富的多媒体业务，并可以实现固定、移动融合，降低综合成本，提高市场竞争力。"

第三大战役是大规模突破核心网分组交换（PS）域，中标德国电信。

德国电信选择华为在欧洲建设 PS 域核心网，网络覆盖德国、英国、奥地利、荷兰以及捷克。

华为采用的 2G/3G 共建的智能 PS 核心网解决方案能有效地简化网络，从而满足了 T-Mobile 未来商业的竞争需要。

研究机构 Heavy Reading 资深分析师 Patrick Donegan 曾表示，一般而言，在成熟市场，运营商不会把大型合同授予华为，他们倾向于华为做鲇鱼的角色，借此搅动一流移动设备供应商"就范"。但华为正不断取得突破。除了此次，华为还曾获得了沃达丰的高速分组接入（HSPA）网络订单，在西班牙等发达地区有所突破。

2008 年余承东接班欧洲市场

2008 年 8 月，西欧地区部在杜塞尔多夫举行了本地员工的大培训，销售策略部承担了能力培训模块。我第一次成功地向外籍员工讲解了《客户关系管理》这门课程，保罗（Paul）和埃迪（Eddie）分别讲解了《九招制胜》与《十一步到成功》。

徐文伟在结业典礼上做了主旨发言，这也是他的告别演说。他在 2005 年接到老板的一个指令后就拎着包来到了欧洲，一直干到了 2008 年，在欧洲市场几乎从零开始，一直干到和了大牌。

此时，余承东也来到了欧洲来接大徐的班，在 4G 时代继续突破。

第 13 章

2007 年，华为大规模开拓国内市场

2006 年以前，华为 GSM 在国内销售的无线设备主要是边际网小基站，虽然实现了不少省的准入，但主流市场依然被西方公司紧紧封住。

在海外，尤其是在类似马尼拉这样的密集城区积累了大量的应用经验之后，华为终于大规模进入国内市场，并终于在基站市场取得了巨大的突破。

成都整网 GSM 搬迁项目

2006 年的时候，一些西方公司已经非常疲弱了。华为又得回归国内市场，第一战是成都整网 GSM 搬迁项目。

2006 年底，华为与中国移动签订合同；2007 年年初，华为 GSM 设备全面搬迁中国移动成都市核心城区所有原厂家的基站。因为基站的密度很大，替换过程对频率规划提出了极高的要求，全网统一换了好几次频率。

这个大城市项目的成功交付，对客户和华为的影响都很大。运营商觉得华为的设备已经够好了。

大规模进入三大运营商的 2G 网络

有意思的是，中国的运营商也在 2007 年组团去印度调研，想知道为什么印度的价格要低于中国，最后得到了一个宝贵的结论：就是要全国集合采购，才能充分降低成本。以前的合同都在省公司谈，现在大部分在北京谈。当时有个笑话：华为各省的办事处就是营业厅了。

于是三大运营商于 2007 至 2008 年开始了轰轰烈烈的全国集合采购，华为因此获得了宝贵的进入无线市场的机会。

2007 年，华为更是通过上述整网搬迁 GSM 设备的方式，获得了大量的市场份额。

在中国联通的 GSM 集采项目、中国电信的 CDMA 项目中，华为也成为主流供应商。至此，在 2009 年初中国 3G 牌照发放之前，华为实现了三大移动运营商的 2G 网络的全面突破。

2008 年华为启动了三大交付战役，采取了激进的无线市场整体搬迁策略：首战便是决战，起步就是高潮！蔡文杰作为三大战役产品线交付的负责人，见证了 17 万个华为基站以及配套光传输在国内的遍地开花。整体搬迁带来了 2G 市场格局的重大变化，华为在 2009 年 3G 建设中抢占先机，这是华为今日得以笑傲江湖的关键原因。

汶川救灾

2008 年 5 月 12 日下午两点多，汶川大地震。

胡厚崑指示技术服务部 20 名最优秀的工程师前往成都，坐第二天的第一班飞机走。结果第二天，因为灾情异常严重，所有前往成都的航班全被紧急征用了。华为团队居然成为唯一赶到了成都的通信外援！

大量电话打进四川，网络瞬间就瘫痪了。华为团队和三大运营商维护人员一起，进行紧急通信保障。

除了华为自己的设备，当地还有很多中兴和爱立信的设备。大难当前，爱立信和中兴的工程师尽管没有办法赶到现场，也都在远程指导在现场的华为工程师和运营商维护人员进行现场操作。在人类的共同使命前，厂家之间的竞争并不存在。

运营商和一批华为专家带着设备乘直升机前往灾区，结果因为风太大，第一次未能成功降落。由于噪声太大，不少华为工程师下飞机的时候，已经暂时听不到声音了。

最终，直升机成功空运了卫星通信设备与基站来构建应急移动通信网络，华为也送来了一批充满了电的压箱底——"长待机"手机。

登上珠峰

从拉萨去珠穆朗玛峰（简称珠峰）的登山大本营挺方便，全程有公路，它就是为 1960 年的首攀而修通的，之后不断完善。营地很安全，成了一个网红旅游景点，有电，也有手机信号。

为了迎接奥运会，中国移动早在 2007 年年初即开始策划珠峰 GSM 网络覆盖工程。2007 年 9 月中旬，中国移动开通了海拔 5200 米处的大本营基站与 5800 米处的过渡营地基站，并进行了卫星传输、能源等配套设备的安装调试。2007 年 11 月 13 日 13 时整，海拔 6500 米的前进营地基站开通（均采用华为的基站）。无线网络覆盖了珠峰大本营、峰顶及东绒布冰川内的 3 个营地、北坳海拔 7028 米处的一号营地、珠峰东北山脊海拔 7790 米的二号营地和 8300 米的突击营地。

2008 年 5 月 8 日，奥运火炬的圣火在珠峰之巅点燃。

2012 年，中国移动终于将光纤铺设到珠峰脚下，海拔 5300 米左右的中国境内大本营首次有了 3G 基站。2013 年，4G 基站建立。2019 年，5G 基站建立。2020 年，5G 基站覆盖珠峰顶峰。

2007 年，中国移动与华为联手实现珠峰网络覆盖。

当年，华为研发了一个 GSM 远距离覆盖技术，一是加大载频功率到 80W（常规是 40W），二是将两个时隙捆绑在一起供一个用户使用；虽然容量减半，但可以大大增加无线覆盖距离。

2019 年 5 月 18 日，面对日本媒体和学者，在被问及珠峰上当初中国移动与华为联合建设的基站时，任正非说："珠峰无论南坡还是北坡，基站基本都是我们安装的，珠峰上没几个人，能赚什么钱？但有网络就能挽救登山者的生命。我曾在尼泊尔的珠峰上（登山大本营）吃了一顿午餐，但当时不知道，为了这顿午餐，一个尼泊尔姑娘背着食品爬了 8 小时的山……当我们在为人民服务时，人民也在感谢我们。"

2020 年 4 月 30 日，中国移动在珠峰海拔 6500 米的前进营地的 5G 基站投入使用，这是目前全球海拔最高的 5G 基站。加上此前已在海拔 5300 米、5800 米建成的基站，5G 信号已实现对珠峰北坡登山路线及峰顶的覆盖。

第 14 章

中国发放 3G 牌照，中国移动强推 TD-SCDMA

一 中国的 3G 牌照发得很晚，对民族产业很有帮助

大不一定意味着强。中国是工业大国，未来要走向工业强国。有句话讲得好："一流企业卖标准，二流企业卖技术，三流企业卖产品。"谁掌握标准，谁就能掌控世界通信领域的话语权。为此各国投入了很大的精力和财力，竞争日益激烈。

中国从 3G 时代开始参与国际标准——TD-SCDMA——的制定。

TD-SCDMA 是由以李世鹤为首的大唐电信科研人员研究开发的，代表我国向国际电信联盟（ITU）提交的无线传输技术建议，中国不少科研机构，如东南大学移动通信工程重点实验室（尤肖虎）、传输所/电信研究院（曹淑敏）也都参与其中。

2000 年 10 月，在深圳举行的一次国际会议的晚餐上，我有幸与"中国 TD 之父"李世鹤先生同桌。李先生非常善于言谈，他在席间极力推广 TD-SCDMA 技术。

TD（时分）技术相比西方国家的 FDD（频分双工）技术，理论上是有优势的。国外主流的是 FDD 模式，上下信道的频率都是一样的，因此宝贵的频率资源会浪费。

采用 TD 技术，上下信道的频率可以调剂，因此可以腾出更多频率给下行业务。

大家要知道，我们使用的数据业务是下载多而上载少，TD 技术正是满足了互联网业务的特点。

TD-SCDMA 技术的专利并非中国独占，这个技术源自西门子的 TD-CDMA 技术，而用了 CDMA 基础技术，高通也有份收钱。

好玩的地方在这里：如果你有基础专利，哪怕只有百分之几，也可以和别人交叉授权，使用费用将大大下降。

2000 年 5 月，在当时的信息产业部，以及中国移动和中国联通等运营商的强硬表态支持下，ITU 正式宣布将中国提交的 TD-SCDMA，与欧洲主导的 WCDMA、美国主导的 CDMA2000 并列为三大 3G 国际标准。对 TD-SCDMA 的出炉，国外厂商反应冷淡，甚至有设备商称"我们有能力做 TD-SCDMA，但我们不会做"。

整个标准在表面上进入了 3GPP 的标准阵营，但是只在中国使用，本质上还是相当于一个中国标准。TD-SCDMA 与另外两种主流的 3G 标准是竞争关系。

手机芯片是产业发展最大的拦路虎。高通一样收取 CDMA 专利费用，但是没有去开发 TD-SCDMA 手机芯片。

上海展讯（现在是紫光展锐）公司于 2004 年 4 月研发出 TD-SCDMA/GSM 双模基带单芯片。关键时刻，还得靠自己。

然而年复一年，3G 牌照的发放依然悬而未决。

3G 找到了盈利模式

2007 年 1 月 9 日，乔布斯的苹果手机（iPhone）重新定义了智能手机，老百姓很喜欢！

iPhone 也离不开中国成熟的手机产业基础和强大的制造能力。每天早晚，你都能看到龙华富士康络绎不绝的人流。一度很火的黑莓智能机坚持将产业链留在北美洲，结果就逐渐消逝了。

2008 年 6 月 10 日，第二代 iPhone 正式发布，苹果推出了 3G 手机，采用的就是 WCDMA 标准，数年内在美国只服务 AT&T。采用 CDMA 制式的 Verizon 公司急得直咬牙；朗讯、摩托罗拉和北电主攻 CDMA，衰落也与此相关。

2009 年 6 月 9 日凌晨 2 点 48 分，在美国旧金山 Moscone West 会议中心举行的 WWDC 2009（苹果全球开发者大会）上，苹果发布了 iPhone 3GS，这款手机比上一代 iPhone 的运行速度更快。

2009 年 10 月 30 日，中国联通版 iPhone 3G 正式在北京世贸天街开售，火爆一时。不过，这个版本不支持 Wi-Fi，只能用流量。

苹果智能手机创造的 App 模式彻底调动了大家用 3G 的积极性！移动数据业务终于找到了商业模式，3G 运营商的好日子终于来到了！

ARM+ 安卓（谷歌推出）模式正式启动，华为全力拥抱这个阵营，中国众多厂家也都杀入。安卓推动了 App 模式的肆意蔓延。

2007 年金融危机的时候，美国拯救了金融、地产、汽车行业，但没有拯救朗讯、摩托罗拉和北电。苹果是目前美国硕果仅存的一家大型通信设备系统公司。iPhone 进入日本之后，日本备受保护的手机封闭市场瞬间被击溃。

中国发放 3G 牌照，改变了整个电信格局

2007 年，中国对外贸的依赖还比较大，也受到了金融危机的波及。2008 年开始，中国通过大规模基建来摆脱金融危机的影响，并将全球从衰退的泥潭中拉了出来。

2008 年北京奥运会的理念是"绿色奥运、人文奥运、科技奥运"，因此提供高质量的通信服务，就是办好 2008 年奥运会的一个重要组成部分。如果海外运动员和游客到中国，没有 3G 使用，肯定会抱怨。

因此，三大运营商都在北京以及协办城市开遁了 3G 商用实验局，海外来参加奥运会的运动员实现了 3G 漫游。

2009 年 1 月，中国终于发放了全国 3G 牌照，同时建设了 3 个网络！当时的信息产业部并没有像欧洲国家那样，过早发出 3G 牌照，以至于运营商因花巨资建

设网络而负债累累。

中国真正建网的时候，已经是比 R4 还要高级的 R5 和 R6 标准，相当成熟了。

结果出乎大家意料。最有钱的中国移动得到了 TD-SCDMA 牌照，这也是扶持 TD-SCDMA 最有效的方法。因为如果 TD-SCDMA 仅作为 WCDMA 的辅助技术，那么这个技术肯定会被边缘化。

中国联通推出的是基于 WCDMA 技术的 3G，这在大家的意料之中。成熟的标准，发展可以快一些，避免和中国移动的差距拉得太大。

中国电信从原有的 CDMA 2000 1x 网络平滑升级到 CDMA 2000 1x EV-DO Release A。这个升级是最容易实现的。

大家做梦也没有想到，当时的信息产业部居然决定由中国移动来建设 TD-SCDMA，而且只给 TD 一个牌照。全球只有中国移动一家搞 TD-SCDMA，压力可想而知。整个产业链都不成熟，技术本身也谈不上成熟，但这是史上第一次由中国主推的标准来建设一个如此之大的网络。

华为是和西门子合办了鼎桥公司来做 TD-SCDMA 的，基站控制器基于华为平台，基站基于西门子平台。华为当时看重全球普遍使用的 WCDMA 标准，对 TD-SCDMA 的投入不够。

任正非曾说道："内心是恐惧的。TD 市场刚来的时候，因为我们没有足够的投入，所以没有机会，第一轮招标我们就输了。第二轮我们投入了，翻上来了。第三轮一开始我们就领先了，我们这叫后发制人战略。但那 8 年是怎么过来的呀？要我担负华为垮了的责任，我觉得压力很大呀，这么多人的饭碗要敲掉了。因为不知道，所以很害怕，才很抑郁。"

2009 年，中国移动 3G 招标，华为和西门子的合资企业鼎桥的份额很小，远远不及中兴。

首次招标表现不佳之后，华为痛定思痛，随后收回了鼎桥的控股权，将华为强大的基站平台注入（不再使用西门子的基站平台），获得了 TD-SCDMA 市场后续的进步。

爱立信是 WCDMA 供应商的领头羊，以前是中国移动最大的 GSM 供应商，市场份额接近 50%，但因为没有独立开发 TD-SCDMA，而是用中兴设备贴牌，所以最终在全球最大运营商中国移动的 3G 领域惨败。

中国移动是全球第一大移动运营商，基于 TD-SCDMA 的 3G 技术彻底地改变了中国移动网络供应商格局。中国企业，华为和中兴，第一次成为中国移动的主要供应商。

华为和中兴差距的由来

中兴于 2001 年在中国联通 CDMA 网络上大放异彩，在中国电信的小灵通网络上也取得了巨大的成功。在无线基站市场，中兴对华为实际上形成了压倒性的优势。在 2005 年前，中兴基站的发货数量远远超过了华为。

中兴采用的是全面分散企业风险的中庸之道。中兴事业部机制源于 1998 年，到 2006 年结束，一共有 8 年的历史。原产品事业部有很大的权力，集团公司对事业部按照虚拟公司进行单独考核，如事业部可以决策开发什么产品，并"销售"给营销事业部，营销事业部从产品事业部"购买"产品，因此对产品事业部的考核就有了诸如"销售收入"的指标。

GSM、CDMA、小灵通是不同产品事业部的产品。CDMA 产品事业部实力强大，向营销事业部推销产品的能力强；GSM 产品事业部在争取自身海外市场资源上则远不如 CDMA，这就是"左右互搏"了。痛定思痛，中兴于 2006 年下半年开始不再采用事业部机制。

众所周知，3G 在 2008 年以前都非常煎熬，大家都以为会被淘汰的 GSM 却在潜滋暗长。

而这期间，华为竭尽全力押注 2G 的 GSM 市场，获得了较大的 GSM 市场份额。GSM 是华为取得巨大成功的关键因素。

也正是在这一时期，中兴一下子与华为拉开了距离。当然，中兴 GSM 也有一些不错的成绩，如 2005 年在尼泊尔获得大项目；2007 年，在埃塞俄比亚签订了大型 GSM 项目。

第 15 章

几次金融危机成就了华为

改革开放 40 年以来,中国没有遭受大的经济和金融危机,经济一直是在稳步快速增长。华为、中兴、烽火、小米、OPPO 等众多公司都得益于此。

一 东南亚金融危机与日本设备商的衰落

日本在电信设备领域有富士通和 NEC 等知名企业,京瓷也因小灵通而成名。在光传输方面,一直到今天,日本供应商在全世界依然占有一席之地。

中国的第一台数字程控交换机就是富士通的 F150。早年日本的程控通信设备和光传输在中国的规模还挺大的。江苏富士通(苏州)和福建富士通到现在也还在运营。

日本在东南亚的传统电信市场中一度影响挺大,1997 年东南亚暴发金融危机,受伤比较严重,之后也没缓过来。我在东南亚工作多年,时不时能感受到日本企业在电信业曾经的辉煌。

2014 年我去泰国旅行,看到人人都在用微信,仔细一看,才发现原来是日本的 LINE,用户界面也是绿色的。LINE 是微信的"师傅",不过现在师傅要向徒弟学习新功能了。

1998 年后，日元剧烈升值，股市和楼市暴涨，做实业还不如搞虚拟经济，一度给日本带来了危机。

在移动通信领域，日本一直采用封闭标准，如在 2G 上采用了本土的 PDC 标准，KDDI 公司的 CDMA，连频率都与全球是相反的，目的都是保护本土手机企业。在全球化狂飙猛进的时代，这种操作显然就落伍了。

日本消费电子团灭的重要原因，是苹果重新定义的智能手机集成了通信、照相机、DV、计算机、MP3 等各种功能。而苹果手机在中国制造，大大提升了中国生产智能手机的能力。

而本质上的原因，是电信领域的技术变化实在太快了，但日本企业更擅长于精雕细琢，所以在快速变化的电信市场跟不上全球技术进步的脚步。

德国也一样，西门子在电信领域迅速衰落，但在机车、电力、医疗设备上成为常青树。

虚拟经济泡沫破灭之后，日本产业界收拾起旧山河，在电子产品的生产装备和材料领域异军突起，实现了二次崛起。显示屏生产的核心装备蒸镀机、高等级晶圆生产中的光刻机与高纯度的硅片等都是日本的强项。中国各城市的灯光秀很流行，发光二极管（LED）发光中最难解决的蓝光就是日本企业搞定的。2014 年度的诺贝尔物理学奖授予了发明出蓝色 LED 的名城大学教授赤崎勇（85 岁）、名古屋大学教授天野浩（54 岁）和加利福尼亚大学圣巴巴拉分校教授中村修二（60 岁，美国籍）。

老一代电信巨头 NEC 希望借助 5G 的 OpenRAN 回归通信设备领域。

泡沫破灭，西方运营商和供应商陷入危机

2000 年，一些欧洲运营商高价竞拍了 3G 牌照，被拖得死去活来。以英国为例，发了多达 5 张 3G 牌照，每张牌照费用超过 100 亿美元。而一般说来，3 张牌照才是最合适的，更多则可能导致恶性竞争。

朗讯等公司给全球很多资质不强的运营商大量融资。我在 2001 年拜访印度的一家小型私有运营商时，看到大厅里挂了一个大牌子，写着朗讯协同一些银行贷款 9 亿美元，而一旦经营达不到预期，这些运营商就会逾期甚至违约。很多运营商直接宣布破产关门，供应商欲哭无门。

土耳其的 Telsim 公司是闹得最凶的一家。Telsim 获得了诺基亚和摩托罗拉提供的大量贷款购买其设备，末了却拒绝按期还款。诺基亚和摩托罗拉将其告上法庭，最终和解。和解的关键原因，是 Telsim 的经营效益还是不错的。

进入 21 世纪，赚钱的增值业务越来越向谷歌、脸书、腾讯、阿里巴巴这样的互联网公司转移。电信运营商沦为"管道"，开始卖流量，供应商就是为"管道"提供"铁皮"的。从此之后，华尔街对做"管道"的公司的估值就明显下降了。

2003 年，一家采用爱立信设备的东南亚运营商的 CTO 问我："你觉得爱立信会不会破产呢？报表上显示已经连续几年亏损了。"

爱立信和诺基亚长期采用欧元结算，汇率不够稳定，也带来一定的影响。

2001 年加入世界贸易组织（WTO）之后，中国有了巨额的美元外汇储备，这也是中国企业硬气的一个重要原因。犹记得华为 1991 年流第一颗芯片的时候，要用几万美元的外汇额度，都让任正非难以抉择。

西方公司合并

2008 至 2010 年底，我当时在郭平先生领导下的企业发展部，也参与了对北电和摩托罗拉相关资产的收购。尽管未能成功，但是华为的品牌因此提升很大。负责销售的胡厚崑特意送来了一个大船模，以资鼓励。

爱立信先后收购了高通的 CDMA 基站资产、马可尼的网络设备资产，以及北电的无线设备资产（CDMA 与 WiMAX 等）。

诺基亚非常庞大，是"4+2"模式：4 家设备公司——诺基亚、西门子、阿尔卡特、朗讯——合并，然后收购了摩托罗拉无线系统和北电的 WCDMA 3G 资产（阿尔卡特早先收购）。

西方公司自由组合之后,华为和中兴即便什么都没有干,排名也顺其自然地往前提。

对客户而言,一个产品最好拥有两家供应商,结果这两家供应商合并了,势必要再引入一家新的供应商。对于华为和中兴而言,机会就来了。

第 16 章

华为大力参与 4G 研发

一 4G 放量增长

2010 年，4G 开始商用。华为 SingleRAN 也做到了 2G/3G/4G 的大融合，并成为行业标准，其他厂家如爱立信、诺基亚、中兴都在跟进。

因为 3G 启动了移动数据业务，而 4G 基于 IP 架构，效率相比 3G 大大提高，所以获得了运营商的欢迎。

利用 4G 的建设契机，华为在欧洲进行了大规模的网络搬迁，并从瑞典、挪威逐步突破，全面覆盖整个欧洲。

2009 年 11 月，华为赢得为挪威运营商 Telenor 建设 4G 网络的合同，采用了 SingleRAN 进行整体建设，替换了原有的 2G 和 3G 基站。Telenor 技术主管 Rolv-Erik Spilling 表示："与我们目前的状况相比，新网络下的（运营）成本将会减少一半。我们搭建新网络和提供新服务的支出还有待观察。我们估计未来 5 年将产生约 1 亿克朗的成本。"

爱立信的总部在瑞典，诺基亚的总部在芬兰。总部在瑞典和芬兰的 TeliaSonera

也将 4G 合同授予了华为。

TeliaSonera 最自豪的事情，是在 2000 年西欧 3G 牌照疯狂竞拍中，坚定地认为 3G 有巨大的泡沫，而没有参加西欧的任何 3G 牌照竞拍，从而完美地躲过了一劫。大家要知道，爱立信和诺基亚在那个时候，是推动 3G 的主要设备商，而他们总部所在地的运营商却非常理性，拒绝过早参与 3G 游戏。这在成熟的市场经济体系下是很自然的事情。

4G 大客户 TeliaSonera 与余承东（左一）

华为参与 4.5G 标准的制定

2016 年，任正非在讲话中指出："经过 18 年的艰苦奋斗，至今为止，华为没有一项原创性的产品发明，主要做的、所取得的是在西方公司的成果上进行了一些功能、特性上的改进和集成能力的提升，更多的是表现在工程设计、工程实现方面的技术进步。我们也充分地认识到了基础专利的成长过程是十分漫长而艰难的，基础专利的形成要经历很长的时间，要耐得住寂寞，甘于平淡，急躁反而会误事。"

任正非在另外一次讲话中也提到,培育基础专利要非常有耐心。20 世纪 50 年代,中国科学家吴仲华提出了叶轮机械三元流动理论,奠定了喷气涡轮风扇发动机的理论基础,这是现代航空的基础。这类理论都是在二三十年后才起作用的。但当时我们没有认识到它们的价值,没有申请专利。

在 4G 时代,中国大力参与 TD-LTE 的标准制定。这次,中国推动的 TD-LTE 标准获得了很多运营商的支持,在全球广泛使用。

2013 年 12 月 4 日,中国向三大运营商发放 4G 牌照,都是 TD-LTE 标准,芯片和手机也很快都跟上了。

华为在 4.5G 阶段(LTE-Advanced Pro)深入参与了标准制定进程,获得了不少核心专利。苹果因而向华为支付了不少专利使用费。

2005 年 8 月 11 日,高通宣布将以股票和现金共 6 亿美元的代价收购 Flarion 公司。作为正交频分多址(OFDMA)技术的先驱及领先开发商和 Flash-OFDM 移动宽带技术的发明者,高通在 4G 的专利大战中依然占据了很好的位置,照样在全球征收"高通税"。

高通在 4G 标准中依然强大,但高通一家垄断 2G 的窄带 CDMA 和 3G 的三大标准(都以 CDMA 作为基础)专利的局面从此一去不返了。中国力量开始大规模进入主流的 4G 标准中。

华为专利与标准经验

华为公司在集团层面设立了一个名为"标准与产业部"的直属组织机构,统一协调华为的标准化事务。此外,在每个业务板块设立相应的标准专利部和产业发展工作组。华为的标准与行业组织形成了技术水平高、能稳定从事标准制定工作的专家群。

华为在收取国际专利的授权费用上达到了"一流企业"的高度,向苹果公司收取了不菲的费用。韩国三星在中国已经输了专利官司，要么给华为交授权费，要么一些机型就要在中国禁售了。

4G 及之前，中国通信业与美国互联网业战略合作

2007 年发生金融危机后，美国救助了金融、汽车、房地产等领域，但是并没有对电信和 IT 业给予救助。至此，美国已经没有了大型的移动通信系统设备厂家。

我在 2019 年年初参观了久负盛名的诺基亚贝尔实验室，看到了量子计算、人工智能物联网（AIoT）、下一代网络等前沿课题的名称。现在它们已经属于诺基亚了。

老的不去，新的不来。失之东隅，收之桑榆。废墟之上美国大量的科技项目加速成长，而价值已经从通信科技（CT）向数据科技（DT）进行了转移。

美国是创新的高地，引领了基于 3G/4G 的数据科技业务创新。美国移动互联网也渗透到全球每一个角落，高通全球收授权费，苹果手机行销全球，iOS 和安卓垄断全球。

华尔街全力拥抱数据科技，如互联网和云计算。

美国出现了谷歌等互联网巨人，亚马逊和微软借助云计算一举做大。苹果公司也凭借 App Store 以及 iCloud 模式，成为数据科技巨人。苹果、谷歌（Alphabet）、微软、亚马逊成为美国 4 家超万亿美元市值的公司！脸书市值也很高。

2020 年新冠疫情期间，大家都居家办公和学习，互联网和云计算的地位得到了极大的强化。所谓的"FAANG"（Facebook、Apple、Amazon、Netflix 和 Google）股票已被证明比其他行业的股票强大得多。

中国出现了腾讯、今日头条、阿里巴巴等一代数据科技巨人。天翼云、华为云、UCloud、金山云也都在快速发展。科创板上，UCloud 成为全球第一家独立上市的基础设施即服务（IaaS）云计算公司。

华为借助巨大的中国工程师红利和制造红利，在"管道"上做到了极致，成长为全球最大的通信企业。

第 17 章

华为的 5G 与 6G

5G 的整个生态发展分为上下两个半场。前半场是构筑 5G 能力，5G 本身只是透明的"管道"；后半场是各种基于 5G 的应用，这才是最重要的。

5G 的标准和专利博弈，华为进入核心

我——老兵戴辉赴茉莉山参观了闻名遐迩的诺基亚贝尔实验室。香农在这里提出的信息论对于 5G 具有重大的指导意义，5G 就是在追求"香农极限"。

5G 融合了全球运营商和供应商的利益，第一次实现了完全统一的移动通信标准。中国、欧洲、美洲的利益都融入进来，实现了平衡。

无论是高通还是爱立信，都坚定地认为全球应该统一 5G 标准，可见 3G 的多套标准引发的巨大冲突给大家带来了深刻的教训。

无线基础技术如调制解调、天线等很难再玩出太大的花样了；而在信道编码上做提升是最容易玩出花样的，同时又是最基础的，所以竞争很激烈。

信道编码是按发送和接收双方都知道的规则给信息加冗余比特，使得编码后信息比特的前后数字序列具有相关性、规律性。这样即使在传送过程中丢了一部分数

据，在接收端，信道解码器利用数字序列之间的相关性、规律性也能发现和纠正错误，把丢失的信息找回来。

信道编码是最底层的技术，类似于运送货物前将货物重新打包固定，防止货物在运送过程中损坏或丢失。通信中有维特比码（Viterbi）、Turbo、低密度奇偶校验码（LDPC）（高通主推），以及中国主推的 Polar 码。

3GPP 主导的 3G/4G 标准使用了 Turbo 码，是由欧洲力量主导的。当时欧洲力量推动的 WCDMA 的主要专利在高通手上，欧洲要获得专利制衡权，因此在编码上采用了 Turbo。

在 5G 技术上，全球各大通信设备商、运营商和芯片商在物理层信道编码标准的争夺战中进行了无比惨烈的较量。美国主推 LDPC、中国主推 Polar 码，欧洲主推 Turbo 2.0（未能入选 5G 编码）。

中国在北京怀柔规划了全球最大的 5G 试验外场，5G 技术研发试验第二阶段（室外测试）于 2016 年 9 月启动，华为、爱立信、中兴、大唐、诺基亚、三星及芯片、仪表等相关企业参加测试。

华为在 2009 年启动了 5G 早期研究，2012 年华为开始做样机验证，2013 年完成了室内样机，2015 年开始大规模进入外场试验。

华为在 5G 标准上的成功有 3 个原因。一是以童文为核心的渥太华团队的科技创新以及国际化沟通能力，二是华为强大的工程实施与验证能力，三是中国制造力量的鼎立支持。

5G 一共有 3 个应用场景：增强移动宽带场景（enhanced Mobile Broadband，eMBB）、大规模物联网场景（massive Machine Type Communications，mMTC）和高可靠低时延场景（Ultra-Reliable and Low Latency Communications，URLLC）。

2016 年，在 3GPP RAN1#87 次会议上，3GPP 最终确定了 5G eMBB 场景的信道编码技术方案，其中，华为主导的 Polar 码作为控制信道的编码方案，数据信道的编码方案则选择 LDPC。这是我国 5G 移动通信技术研究在通信标准制定上摆脱跟随地位,取得重大进展的一个标志性事件。

Polar 码是华为主推的,事前埋伏的专利比较多。LDPC 是高通主推的,事先埋伏的专利也比较多。当然,二者有交叉。

编码就好像一场奥林匹克比赛,胜出哪怕 1%,也是胜利。

华为提出的 Polar 码,第一次让中国企业在最核心的信令编码标准上占据了有利的位置。信令传输的数据量尽管不大,但是非常关键,任何一个 5G 连接建立的时候,首先传递的都是 Polar 码,可谓是"皇冠上的明珠"。

更重要的是,Polar 码相关的专利都申请不久,还在持续发展中。我们相信,Polar 码将是未来 6G 时代最重要的编码技术。

华为只是代表,实际上,整个中国力量都在崛起。中国的高校实验室、中国移动、中兴、展锐、大唐以及小米等手机公司等也都在 5G 的不同领域取得了长足进步。

ITU 把中国提出的"IMT-2020"作为 5G 技术的正式名称,这在很大程度上代表了国际组织对中国在 5G 研究上取得的成绩的初步认可。

中国在移动通信领域经历了 1G 空白、2G 跟随、3G 突破、4G 同步的发展,如今成为 5G 时代的领跑者。

作者戴辉与诺基亚贝尔实验室里的香农雕像合影

有理由相信,未来在 6G 市场上,中国企业能有更大的话语权。

和土耳其阿勒坎教授合作 Polar 码

2008 年,土耳其的埃达尔·阿勒坎教授发明了 Polar 码。阿勒坎教授的博士生导师是美国人罗伯特·加拉格(Robert Gallager)教授。而加拉格的导师,也就是阿勒坎的师祖,则是大名鼎鼎的信息论鼻祖香农。

华为以 5G 首席科学家童文为首的力量,进行了大量的基础研究,将 Polar 码发展成可以实际商用的技术,使用到实际的无线环境之中。

2018 年 7 月 25 日下午,被业界誉为"Polar 码之父"的土耳其毕尔肯大学的阿勒坎教授参观华为总部,华为创始人任正非与其进行交流。

阿勒坎表示,近年来他看到中国科学家在科学研究、工程制造等领域都取得了很大的成就,正是由于有很多像华为这样的卓越企业的参与和付出。

从 3G 的多年煎熬中汲取教训,5G 的投资回报大大改善

从 3G 的煎熬历史中,业界得到了 4 个教训。

第一个教训:全球标准要统一。

3G 时各自为战,大家的力量太分散了。所以对于 5G 而言,无论是爱立信还是高通,都坚定地要统一标准,形成合力。

第二个教训:手机和芯片产业要积极推动。

当年,运营商将 3G 网络建好后,发现终端种类很少,无法刺激最终的客户需求。华为由此进入 3G 数据卡和定制手机市场。

而现在我们已经看到了不少 5G 终端,和当年 3G 发展之时不可同日而语。

第三个教训:要依赖中国和中国的老百姓。

GSM 之所以获得巨大的成功,就是争取到了中国的支持。在 4G 的发展中,中国推动的花样翻新的短视频成为最大的流量消耗应用,而且扩散到全球。

5G 的起步还是要依赖广大老百姓,首先就要考虑到广大老百姓的需要,而不只是少数阶层的需要。

中国人口密集,电子产品消费能力很强,中国的整机设计和生产能力也很强,

而且中国在创新应用上做得不错。

小视频和直播业务是 3G/4G 最重要的流量带动者。我曾一不小心就花掉了 15GB 的流量，让自己大吃一惊。而在 2G 时代，5 元 30MB 的流量在小屏幕上看段子仿佛就在不久前，而 30MB 是 15GB 的 1/500！有个说法：2G 传输 *.txt，3G 传输 *.mp3，4G 传输 *.avi，5G 传输 *.vr 和超高清视频。

第四个教训：牌照费和覆盖率要求要理性考虑。

3G 牌照费用高昂，给运营商造成了巨大的负担，这在 5G 中都会有效改善。

很多运营商会采用非独立组网（NSA）模式，只在热点地区建设 5G 基站，而并不追求连续覆盖。

3G/4G 改变生活，5G 改变社会

邬贺铨院士认为，5G"生"在最好的时代，5G 的到来恰逢其时。当前我国正处在从消费互联网向工业互联网发展的时期，也是从高速增长向高质量发展的转型时期，需要效率变革、质量变革、动力变革，而 5G 是支撑这三大变革的重要手段。

5G 更大的应用体现在垂直行业。5G 本身只是一种无线传输技术，之所以被社会广泛关注，是因为它能把大数据、物联网、人工智能、云计算等新技术结合起来，通过虚拟现实（VR）、教育医疗、工业互联网等垂直行业渗透到人们的生产和生活中去。

邬贺铨认为，在垂直行业中，工业和农业受 5G 影响更大。5G 还能直接带动我国新增就业机会，支撑我国数字经济的发展。

关于 5G 的意义，任正非于 2019 年 6 月 29 日下午接受加拿大《环球邮报》采访时说道："讲一个故事，为什么过去欧洲比中国发展快？几百年前，欧洲有了火车、轮船，中国是由马车在担负运输任务，马车速度慢、载货量小，欧洲火车跑得快，轮船载货量大，欧洲实现了工业社会。速度对一个社会的发展是非常重要的，当这个社会从物理运输变成信息传送时，信息速度发展快的国家，经济发展

都快。"

5G 分为独立组网（SA）和非独立组网（NSA）两种组网模式。可想而知，前者要建设一个连续覆盖的 5G 网络，并且核心网也要独立，成本会很高。

为了满足广泛的物联网、智慧工厂和无人驾驶等需求，5G 需要采用 SA 模式，将 5G 打造成一个连续覆盖的网络。

5G 还引入了一个技术叫"切片"，可以为工业互联网提供端到端的高可靠性通道。这也必须在 SA 模式下才有可能实现。

SA 模式意味着会给新来的 5G 厂家带来改变已有格局的机会，但考虑到 5G SA 模式给工业带来的巨大战略价值，华为还是决定大力推动 SA 模式的发展。

2019 年，在上海举办的世界移动通信大会（MWC）上，中国移动宣布直接采用全网 SA 模式进行建设，全球首家实现。这对拉动工业互联网在 5G 上的应用会起到很积极的作用。2020 年 8 月，深圳宣布成为第一个采用全网 SA 模式组网成功的城市。

业界普遍认为无人驾驶 +5G 的未来很有想象空间。2020 年冻结的 5G Release 17 版本协议中定义了 V2X（Vehicle to Everything，即车对外界的信息交换）的相关内容，整合了全球定位系统（GPS）导航技术、无线通信（4G/5G）、车对车交流技术（比如 5G 的 V2V 技术）及远程感应技术，可为无人驾驶提供更好的感知和传输手段。值得指出的是，无人驾驶并不依赖无线网络，即使没有信号，也完全可以自发行驶。

如果在 5G 上的创新业务如工业互联网没有历经煎熬发展起来，那么 6G 也将要走过同样的煎熬历程。5G 不努力，6G 徒伤悲！

5G 推动手机和芯片业的发展

苹果公司在 2020 年秋天推出的新品全部具备 5G 能力。

华尔街预期 5G 换机潮即将到来，因为苹果股价暴涨，总市值达到了 2 万亿美元，创造了人类历史之最。

5G 手机因为要支持的频段多，如 700 兆赫、2.6 吉赫、3.5 吉赫、4.9 吉赫等 sub-6 吉赫（俗称厘米波频段），以及毫米波频段，所以需要的模拟和射频芯片比 4G 手机多很多。

5G 因为要处理的数据量大，所以有采用 5 纳米以及更高级制程芯片的要求，因而对全球芯片制程的提升起到了推动作用。换句话说也成立，那就是如果没有 5G 以及未来的 6G，台积电的 5 纳米以及未来的 2 纳米高级制程芯片即使做出来了，也会因为缺乏市场需求而亏损。

OpenRAN 会使主流 5G 厂家相互竞争吗

在 4G 技术上，中国移动等运营商推进了微蜂窝基站技术来吸引新厂家（如京信）参与竞争，但这个技术并没有获得显著的成功。我在 2019 年 MWC 展中与中国移动人员探讨了这个问题，他认为中国移动其实是成功了，因为现网无线厂家大幅降低了价格。

中国移动提出的 O-RAN 的目标是："智能管控"提升无线网自动化运维和定制化管理能力；"开放接口"实现原有封闭接口的开放，降低区域性单一厂商的依赖性；"开源软件""白盒硬件"则是推出软硬件参考设计、共享成果的方案，最终降低行业门槛。

OpenRAN 是一个开放式的无线接入网架构，其硬件、软件、射频单元（RU）、数字单元（DU）等组件来自不同厂家，实现了开放式、模块式组网，打破了传统基带单元（Base Band Unit，BBU）和有源天线单元（Active Antenna Unit，AAU）来自同一厂家的生态。5G 的 AAU 对应 4G 的远端射频单元（RRU）+ 天线。

高通和 Intel 可提供通用的 4G/5G 基站基带芯片。

2019 年 1 月，日本乐天移动（Rakuten）宣布将建设全球首个端到端的全虚拟化云原生移动通信网络，意即打破传统的软硬件一体、接口封闭的专用电信设备生态，从核心网到接入网端到端采用软件化功能、通用硬件和虚拟化基础设施，实现网络全云化、全 IT 化。乐天选择了 NEC 作为其 5G 核心网供应商。

2020 年 5 月，全球 31 家科技公司宣布成立 OpenRAN 政策联盟，意在建立"开放可互操作"的 5G 网络。OPenRAN 的成立是为了鼓励在 5G 方面具有创新实力的供应商，扶持新兴供应商；换句话说，想要借机颠覆市场规则，重新洗牌。

同为 5G 主流供应商的华为、爱立信、中兴不是 OpenRAN 政策联盟的成员，都是自研的 5G 基站基带芯片，但诺基亚是 OpenRAN 的成员。

爱立信的一位发言人表示："爱立信不是 OpenRAN 政策联盟的成员。我们支持公开和公平的竞争。为了在 5G 竞赛中保持领先地位，美国和其他国家的政府应该通过与技术无关的政策来维持基于市场的方式。政策制定者的重点工作应该放在通过频谱分配和消除网络部署障碍来加快 5G 部署上。"他的意思是应该让市场决定如何选择网络架构。

本文之前说过，2G/3G/4G 是紧耦合的关系，无线侧都是由同一家公司建设的，若不是如此，掉话率会比较高。这个情况在 5G 时代发生了细微的变化。一方面是数据业务替代了语音业务成为绝对的业务核心，掉话率不再是最核心的指标；另一方面，在 SA 组网方式下，独立的 5G 连续覆盖网络在技术上成为可能的选项，对 4G 的依赖减弱。

OpenRAN 在 5G 公网上的未来发展会如何，还需要时间来告诉我们最终的答案。但目前看来，至少在园区无线 5G 专网上，该技术是有发展前途的。

德国发出了 70 多张园区 5G 网的频率许可证，奔驰、宝马等汽车公司和高校纷纷申请，华为也申请了一张。

5G+ABCD

大家可能都听说过一个概念：5G+ABC 或者 5G+ABCD。A 就是人工智能；B 一说是大数据（Big Data），一说是区块链（Blockchain）；C 是云计算。关于 D，一说是数据（Data），但是我给一个新的说法：Driverless（无人驾驶）和 Drone（无人机）。

第 18 章

如何面对全球挑战

4G 之前,有巨大的增量市场,中美之间是战略合作的关系。

摩尔定律放缓、智能手机全球发货量已经下降、互联网发展也到了高点,中美双方开始进入存量博弈阶段,而且竞争越来越激烈。

这就是中兴和华为先后受到了美方限制的大背景。

2018 年,美国政府意识到了 5G 的重要性。当时的美国总统特朗普多次提到 5G。之前历任美国总统都没有如此关心过通信技术。

美国重点关注的表面上是 5G "管道",但实际上 5G 只是一个透明"管道"。美国更加重视的是手机和基于 5G 之上的应用,以及未来 6G 的标准制定和专利等。

从技术上分析,美国已经将覆盖性能良好的厘米波频段分配出去了,重新收回并分配给 5G 使用可能需要数年之久。而在毫米波(如 28GHz)上,5G 基站的覆盖范围过小,难以满足要求。

而中国目前分配的都是 Sub-6GHz 频点,5G 可以用较低的成本实现覆盖。广电的 700MHz 频点覆盖极为优秀,中国移动在全球率先使用 2.6GHz 频点,可以继续沿用 4G 的天馈系统，覆盖与 4G 也差不多。 中国电信和中国联通使用全球通用频点 3.5GHz，采用了联合组网的方法，所以站址也不用增加多少。

中国的做法还有一个很大的优势：5G 手机仅需要支持厘米波，不用支持毫米波（技术更加复杂），手机的成本可以迅速下降，产业链可以很快发展起来。

事实已经证明，不上厘米波，5G 是无法成功的，美国也最终决定收回以前分配出去的厘米波频段，并分配给 5G 使用。

中国大建 5G，缓解了华为第一次受限

2019 年 5 月，美国将华为列入实体清单，美国企业向华为供应零部件需要申请。我曾预言该措施会很快放缓，因为华为服务了全球 30 多亿客户的基本电信需求，甚至包括美国很多偏远地区的老百姓。

全球进入 5G 时代，对美国其实是非常重要的。高通又可以全球征收"高通税"（4G 专利快过期了）；苹果又会受益于大规模换机潮；硅谷的芯片企业擅长复杂的技术，也将随之大发展。

对于 5G，人们一直有质疑，乃至有"5G 将会彻底失败"的说法。坊间传说有个"魔咒"：单数难搞，如 1G、3G、5G；而双数才能获得大成功，如 2G、4G 以及未来的 6G。大家觉得 4G 也差不多够用了。

全世界都捂着钱袋子，看着中国的 5G 发展。一些国家的所谓 5G 商用，就是铺了几个基站放了几个号，纯属作秀。

中国的产业力量很强，如果中国不努力，5G 很可能就成功不了。中国创造了巨大的增量，那就是 5G 市场，来化解存量博弈带来的窘境。

中国提早半年发了 4 张 5G 牌照，并大举建设！新增的万亿级蛋糕，产生了一个巨大的增量市场，客观上也使得存量博弈减弱。

不过，5G 手机价格高企，三千几向上走，用者寥寥。大家调侃，5G 手机的最大价值就是测速。根据过去 3G 的教训，这可能导致 5G 的发展饱受煎熬。

2019 年 12 月 10 日，小米官方正式发布了新款 Redmi K30 5G 手机，搭载高通骁龙 765G 处理器，最让人惊奇的是价格：1999 元！千元机的诞生，意味着广大老百姓都可以很容易拥有一部 5G 手机。

5G 稳了，没有重蹈 3G 覆辙。就中国产业力量的崛起而言，全中国的老百姓都是贡献者！

新冠疫情期间，大家都居家办公和学习，科技股非常坚挺，5G 千元机也爆炸式袭来。

5G 手机的价格最低已探到 1000 元了，用户数量势必爆炸式增长！

中国巨大的产业力量，使得 5G 在中国首先获得了巨大的成功。华为、中兴、小米、OV、传音等整机商以及零部件供应商都是重要的参与力量。

新冠疫情让华为第二轮受限

2020 年的新冠疫情，带来了一次全球性的经济危机，华为因而遇到了新的压力。

华为的 5G 基站可以持续供应到 2021 年年底，在此之前，华为有不少时间进行沟通和斡旋。

另外，一些西方国家表示将考虑不采用华为的 5G 设备。

太平洋这么宽，中美之间一定能找到一条共同发展的道路。以下几个因素对缓解摩擦有利。

1. 华为服务全球 30 亿用户，尤其是 4G 网络，这些网络需要维护和服务。

2. 中国大力开始新基建，包括 5G、云计算、人工智能等领域，继续扩大市场规模，制造出巨大的蛋糕，中美可以一起参与。

3. 6G 领域依然以地面移动通信为主（卫星为辅），中国力量是绝对的核心，华为也将是 6G 标准的领头羊。

合作制定 5G 标准，华为与高通达成协议

2020 年 6 月，当时的美国商务部部长威尔伯·罗斯（Wilbur Ross）宣布："美国公司将更全面地与中国通信业巨头华为合作，共同制定 5G 等技术标准。"他称其目的是"确保美国业界更全面参与通信领域的标准制定活动""美国的参与和领导将影响未来 5G、自动驾驶、人工智能和其他领先技术"。

这是一个积极的信号，说明美国也坚持全球采用同一个 5G 和 6G 标准，也相信中国的产业力量与市场需求。

2020 年 7 月，高通与华为达成专利和解，华为和高通之间的专利许可纠纷已经得到解决，高通将在第四财季获得华为 18 亿美元的追补款。考虑到华为巨大的手机出货量，这个数字并非不合理。

高通在 2019 年解决了与苹果公司的激烈法律纠纷后在 2020 年与后者达成了相关协议，这也让高通恢复了向苹果出售芯片。

6G 开启

商用一代（4G）、研发一代（5G）、规划一代（6G），大概每 10 年时间发展一代。

为什么是 10 年？这其实是与 20 年的发明专利保护期相关的。人们需要提前 10 年时间来申请专利、构建标准、研发设备/芯片和终端。所以，6G 的相关工作现在已经启动了。

2019 年 11 月 6 日，科学技术部（简称科技部）正式官宣，已联合多个部门召开了 6G 技术研发工作启动会，并成立国家 6G 技术研发推进工作组和总体专家组，中国开始了 6G 的规划和预研。科技部副部长王曦指出，目前全球的 6G 技术研究仍处于探索阶段，技术路线尚不明确。然而，中国决心赢得这场竞赛，力争在无线技术领域占据主导地位，并将在未来提出 6G 发展的详细计划。

中国唯一的移动通信国家重点实验室在南京，学术带头人是尤肖虎教授。实验

室一直在全力参与移动通信标准的相关工作，包括 3G/4G/5G 甚至未来的 6G。

我在东南大学对莘莘学子做了 1G 到 5G 发展过程的科普报告之后，应邀去移动通信实验室（现名紫金山实验室，所在的无线谷又名未来网络谷）逛了一大圈，对 6G 的理解大有长进。6G 的特征可以用 9 个字来阐述：全覆盖、全频谱、全应用。"全覆盖"是指 6G 向天地融合发展，应用边际持续扩大；"全频谱"是 6G 将向毫米波和可见光等高频发展；"全应用"是指 6G 将面向全社会、全行业和全生态实现全应用，与人工智能、大数据深度交叉融合。

作者戴辉在紫金山实验室参观

有人认为，6G 就是近地卫星互联网，如 SpaceX 的星链（Starlink），这其实是一种误解。事实上 1G 至 5G 指的只是地面移动通信，6G 也必定是以地面通信为主。卫星通信可以作为有益的补充。但卫星因为时延、带宽、能耗等问题，没有办法替代地面通信。卫星的带宽相比地面带宽，就是蚂蚁撼大象。

可以设想，在一个偏远地区，通过 SpaceX 连接 500MB/s 的流量作为回传手段，再接上一个 5G 基站，这样方圆数十千米的用户都可以用 5G 手机连接和上网。

早在 2009 年华为就开始了 5G 技术的研究，当年中国刚刚开始发放 3G 牌照。

据了解，6G 的研究节奏与 5G 基本符合，其周期可能会持续 10 年以上，预计将在 2030 年后才投入商用。根据网络消息，华为在渥太华的实验室已经和相关大学就 6G 研发开展了讨论。

5G 发展中后期将开启毫米波频段的革命，这个频段的频宽很大，而且很干净，可以支持很大的数据传输量。6G 将开启太赫级频段，这是一个更大的频点。

毫米波国家重点实验室洪伟教授已研发出了毫米波芯片。洪伟教授告诉我，他们实验室也在研究可能用于 6G 的亚毫米波（太赫级）芯片。巧得很，1997 年我在中山大学完成的研究生论文就是跟随罗锡章教授做太赫级频段的特性研究，还在《红外与毫米波学报》以第一作者身份发表了一篇学术论文。

面向 6G，徐文伟在《后香农时代，面向数学的十大挑战问题》一文中写道："当初香农时代需要解决的是，面向人与人的可靠通信问题。香农信息论主要基于离散无记忆有损传输的假设，实现了点对点传输；通过信源编码保证网络传输的内容可以让人理解，通过信道编码保证传输的内容不会出错。基于 70 年前香农发布的这个定理，信息产业有了超过 50 年的高速发展，发明了一代又一代的通信产品。……后香农时代，数学作为基础的基础，将决定未来发展的边界，数学家越努力，成果越卓著，我们的边界将会越来越延展，直到趋向无限！"

第二篇

华为核心网的六生六世

诺基亚贝尔实验室展出的世界第一部电话（仿制品）

1876年是人类通信史上具有划时代意义的一年，这一年亚历山大·格雷厄姆·贝尔（Alexander Graham Bell，1847年3月3日—1922年8月2日）在美国发明了电话（有争议），以模拟信号将人类语音进行传输，实现了人与人通过金属线路在两地之间的通话，专利名称是"Improvement In Telegraphy"（U.S. Patent 174,465）。

贝尔是从苏格兰移民加拿大，然后去美国工作和创业的。贝尔与合伙人于1877年7月9日创建贝尔电话公司，几年之后该公司被收购，后来发展出了AT&T公司。贝尔因发明电话（更准确地说是抢先获得了发明专利）得到了丰厚的回报，之后他一直坚持做各种发明，不过成就再也没有超过发明电话，他在晚年回到了加拿大。差不多时候，比利时贝尔公司也成立了，与贝尔也有关联，该公司在100多年后，在上海成立了合资公司上海贝尔。比利时贝尔在1998年被阿尔卡特收购。

贝尔申请发明专利的第二年，1877年10月16日，清朝驻英国第一任公使郭嵩焘，应邀参观伦敦的一家工厂并试用电话。不久，上海轮船招商局为保持与码头的联系，从国外买回一台磁石电话，拉起从外滩到十六铺码头的电话线，这是中国最早投入使用的电话，上海人称其为"德律风"（telephone的音译）。1881年，英商瑞记洋行在上海租界内开办了华洋德律风公司。中国紧跟世界最新科技，西风东渐，起步一点也不晚。

电话交换机的历史

第一代交换机：人工交换机

1878年，人们靠人工插拔塞绳的方法接通了世界上第一通电话，人工交换机诞生了。

根据当时话机的分类，人工交换机分为两种：磁石式和共电式。人工交换机的系统简单可靠、维修方便，使用寿命非常长。

我曾遇到一个出租车司机，他曾是20世纪80年代的通信兵，用的是磁石式电话的人工交换机，使用的电话是没有拨号盘的，但是要"摇把子"来供电，战争电影里常见这个镜头。

人工交换机有两种：磁石式人工电话交换机、共电式人工电话交换机。前者采用的电话有"摇把子"，还需要干电池；后者的电话则不需要"摇把子"，也不用干电池，由交换机直接远程供电。

第二代交换机：步进式交换机

19 世纪末，美国堪萨斯城的实业家（殡葬业）阿尔蒙·斯特罗加设想制造一台"不需要话务员，不闹脾气"的交换机。

1892 年 11 月 3 日，斯特罗加研制的第一台自动电话交换机安装在印第安纳州的拉·波尔台中心局。1896 年，电话机技术不断提高，出现了得到广泛使用的拨号盘电话。1898 年，斯特罗加的自动交换机被卖到了欧洲。1916 年，贝尔公司以 250 万美元的价格买下了自动电话交换机的许可证。

步进制的自动交换机大量采用机械部件，维护费用高，再加上其运行缓慢，只能在线路最忙的时候才体现出其经济性。

西门子的产品机械水平很高，大大改良了步进制设备。

中国于 1925 年在天津装用西门子步进制电话交换机。1937 年，在南京拯救了很多生命的德国人约翰·拉贝任西门子公司驻华代表，也销售电信设备。

澳门采用的西门子 F1 步进式自动电话交换机，于 1929 年 12 月 8 日开通使用，居然用到了 1983 年。

澳门通信博物馆里展出的老交换机，到现在还可以实际打通电话！我兴致勃勃地尝试了一下，声音质量还过得去，可以接受。

步进制是由电动机控制机械部件，也就是大幅度动作的步进接线器，通过用户拨号产生的脉冲直接控制接线器动作来完成接续。

北京通信电信博物馆收藏了一台富士通 A29 步进式交换机，1940 年开始使用，1994 年退役，目前仍可通话。

1957 年，在苏联专家的帮助下，中国成立了北京有线电厂（国营第 738 厂），生产苏式机电式自动交换机 ATS47。

第三代交换机：纵横制交换机

1938 年，纵横制交换机在瑞典被发明出来。与步进式一样，纵横制交换机属于机电式自动电话交换机。

纵横制交换机使用继电器控制的压接触接线阵列，减少了杂音和磨损，提高了可靠性。

用户拨号后，先由记发器接收、存储用户的拨号脉冲，然后通过标志器驱动接线器，以完成用户间接续。这是一种间接控制方式，实现了控制与话路部分的分离，速度得到了提升。

澳门后来也应用了爱立信 ARF503 纵横式电话交换机。1965 年第一部爱立信 ARF503 自动电话交换机于 1965 年投入使用。

澳门通信博物馆里目前还在展出这台爱立信纵横式交换机，它也可以实际打通电话，我兴致勃勃地尝试了一下。

1960 年元旦，中国研制的 1000 门纵横制自动电话交换机在上海吴淞电话局开通，第一套国产明线 12 载波电话机也研制成功。生产纵横制交换机的厂家如雨后春笋般涌现出来，到 1975 年的时候，以上海邮电 520 厂（上海电话设备厂）为代表，我国已有 30 多家纵横制交换机生产厂家。当时的邮电部十所（大唐前身）后来居上。

第四代交换机：模拟程控交换机

程控交换机的全称为存储程序控制交换机（Stored Program Control Exchange, SPC Exchange），也称为程控数字交换机，通常专指用于电话交换网的交换设备，以计算机程序控制电话的接续。程控交换机是利用现代计算机技术，完成控制、接续等工作的电话交换机。之前的自动交换机为布线逻辑控制交换机，简称布控交换机。

1965 年，美国 AT&T 旗下的贝尔实验室研制出了程控电话交换机，采用空分模拟制式。

20 世纪 80 年代，我国开始生产此类交换机，华为从代理开始进入通信事业。

第五代交换机：数字程控交换机

随着脉冲编码调制（PCM）技术、数字时分技术（TDM）的发展，20 世纪 60 年代一些国家开始研制数字程控交换机。

法国阿尔卡特公司首先于 1970 年在拉尼翁（Lanion）成功开通了世界上第一个数字程控交换系统 E10，它标志着交换技术从传统的模拟交换进入数字交换时代，为开通非话业务（传真、数据等），实现综合业务数字交换奠定了基础。

阿尔卡特在之前技术的基础上持续改良，到 20 世纪 80 年代进入中国的交换机机型是 E10-B。

第 19 章

一步到位，中国引入先进数字程控技术

如果当年没有邮电部的长远规划，不会有今天中国如此辉煌的通信产业。

1978 年，全国公众电话网的容量仅为 435 万门，电话用户仅有 214 万户，电话普及率仅为 0.38%，不到世界平均水平的 1/10。

早期的机电式设备体积非常庞大。邮电部老部长吴基传曾回忆说："因为机械交换机是选组机和用户机，每增加一个号就得增加一层选组机架，一个号需要上百个机架，一个机架好几百公斤，如果没有程控交换机，机房面积得相当大，不可能像今天发展得这么快。过去的信号传输靠的是明线，一根电杆两根线，能够传 12 路电话，现在铺了光纤，都是 2G/10G 带宽……当年甚至有些设备采用人工交换机，现在也只能到博物馆才能看到……从技术来讲，改革开放初期大多数电话是 4 位，如果不是程控电话，升位都很困难。"

改革开放后，当时的邮电部部长吴基传等领导们想方设法引进了世界上最先进的技术，并在国内进行生产。当时国家外汇很紧张，还是竭尽所能地满足了发展现代电信的需求。有意思的是，这些先进技术，甚至在欧美，在当时也只是刚开始使用。

两件大事改变了中国电信的历史

第一件大事是，福建率先引入数字程控技术。

1982年，福建引进了富士通面向国际市场的F150，而非日本国内自用的D60、D70，并且最后决定采用当时最先进的存储程序控制（Stored Program Control，SPC）制式，不但直接跨越了机械交换机，而且程控交换机也越过了空分（空间分割）技术阶段。

程控交换机有空分和时分两种制式，空分制是以空间分割来通话，一对线只能有一个用户使用；时分制是以时间分割来通话，允许多个用户在一对线上同时通话。时分程控交换机易于自动化生产，市话与长途交换系统合一，便于与数据通信、图像传输、信息交换组成一个综合业务数字通信网。而且得益于大规模集成电路价格的迅速下降，时分交换机的价格优势也愈发凸显。

其实早在1979年3月邮电部召开的第17次全国邮电工作会议上，就印发了《国外现代通信技术发展概况》参考资料。福建邮电部门结合自身情况，坚持高起点，在深入日本考察和与富士通谈判后，将情况向邮电部及省委、省政府进行了全面汇报，并得到支持，从而为福建顺利引进当时国内还无法生产而国际市场已在使用的新的通信技术设备打下了基础。

福州万门程控的引进开通，打响了中国电话程控化的第一炮，整个工程包括了一个万门市话局、一个有560个长途电话交换系统的长途局、62系统的DDL-30型脉冲编码调制（PCM）设备及计费计算系统。当时市话用户甚至可直接拨通长途电话，算得上"一步到位"的历史性跨越。

第二件大事是，上海贝尔有限公司成立。

改革开放初期，西方有些国家不愿把先进的东西给我们。当时只有比利时不限制，如果我们要，人家就给，我们就引进1240程控交换机，只不过当时技术还处在实验阶段，我们得承担风险。

1984年，上海贝尔有限公司成立，中国与比利时贝尔合资生产程控交换机，后来还成立了上海贝岭股份有限公司来做集成电路，它也是中国最早的芯片企业之一。上海贝尔的设备供不应求，为了拿到货，各地邮电局的车子常年等待在上海贝尔工厂门口。

1985 年，外国公司的设备蜂拥而至，在中国邮电局系统内形成了"七国八制"的局面，见下表。

国家	公司	产品
日本	富士通	F-150
日本	NEC	NEAX-61
比利时	比利时贝尔（后被阿尔卡特收购）	S-1240
美国	AT&T（后分成朗讯）	5ESS（5 号机）
德国	西门子	EWSD
加拿大	北方电讯	DMS-100
法国	阿尔卡特	E10-B

1988 年，加拿大给予了中国 20 年低息贷款，帮助北电的程控交换机进入中国。北电主要的合资厂设在广东顺德的北滘镇，深圳蛇口的通广北电主要生产面向企业的小交换机。我拿到过这两家企业的录用通知，不过最后都没有去成。北电曾在中山大学校园里设立了一个研究所，主要是搜集和整理需求，并做一些定制开发。

中国政府也通过买方信贷方式，帮助运营商加快建设。

至此，中国通信网络一步到位，实现了现代化，而且是最高水平。

虽然那时候的通信设备价格高昂，老百姓装一部电话要花 5000 元的初装费，但仍然一机难求！我家里要供我和弟弟戴斌出去读书，没钱装电话，我好羡慕"别人家"的孩子！这也是我后来进入通信行业的源动力之一。

第 20 章

国产程控交换机群体突破

上海贝尔以及后来的众多外资设备企业，如北京西门子控股的北京国际交换系统有限公司（BISC）等，最初都只是负责代工制造，有些甚至只是组装，没有机会接触核心的软件。

用市场换技术

南京邮电大学的陈锡生教授和教研室的糜正琨教授等人，在对引进的 S1240 数字程控交换系统进行消化吸收过程中成绩突出，对我国通信网迈向程控化做出了突出贡献。

1983 年，当时的邮电部计划引进 S1240 数字程控交换系统，同时派出专家到比利时贝尔公司（BTM）进行考察和学习。作为第二批专家组副组长，陈锡生在进修期间学习掌握了当时世界上先进的全分布式数字程控交换系统。1984 年年初，陈锡生回到上海贝尔，着手 S1240 系统技术的消化吸收与培训，培养了一大批技术、管理人才。后来，陈锡生作为"程控交换机环境模拟器"项目的负责人，与南京邮电学院（今南京邮电大学）交换教研室、数字电路教研室共同攻克大容量数字程控交换机技术，获得原邮电部"七五"攻关项目一等奖。

20世纪90年代，我国自主研制的大容量数字程控交换机取得群体突破，从此我国通信网内的国产机逐渐走向主导地位，通信设备制造业开始走向世界。

巨龙公司的邬江兴是第一个取得突破的，我的老领导李祥庭曾与他有交情。他说年轻的邬江兴口出狂言："程控交换机不就是计算机+传统交换机吗？"

1991年，由中国人民解放军信息工程学院与中国邮电工业总公司联合研制的我国第一台拥有完全自主知识产权的大型数字程控交换机——HJD04诞生，11月通过鉴定。与此同时，郑用宝在研发最大容量512用户的模拟用户交换机。

李祥庭于1993年加入华为后，通过他居中联络，任正非一行专程前往郑州拜访了邬江兴先生。

HJD04机打破了西方世界所谓的"中国自己造不出大容量程控交换机"的言论，标志着"七国八制"长期垄断中国程控交换机市场格局的终结，"巴黎统筹委员会"始于1989年对我国实施的大型数字程控交换机禁运令就解除了。

中国厂家集体加入"团战"后，程控交换机的价格平均下降了95%，这就是吴基传深以为荣的"民族程控交换机群体突破"。

初生的华为，在机缘巧合下进入了电信领域，程控交换机是刚起家时的核心业务，为华为后来迈向辉煌的胜利奠定了坚实的基础。

程控交换业务天生要面对非生即死的残酷竞争，同时也开出（衍生）了很多娇艳欲滴的"桃花"，如电源（出售给艾默生）、移动通信程控交换机与软件业务（排队机和智能网等）、数据通信、光传输、多媒体、接入网、IT与云计算等。

第 21 章

从代理到自研，华为的第一桶金

一 香港的电信创新

我国的四大经济特区中，深圳发展得最好，而深圳的实业中，又以电子信息业最为辉煌。这其实与香港有着莫大的关系，这也是回顾华为历史的书中少有涉足的一个方面。

20 世纪，香港从纯粹的转口港转变为轻工业城市，从制造业起家。50 年代，香港以纺织业、制衣业、塑胶业的蓬勃发展为代表；70 年代产业升级后，电子、钟表和玩具制造业成为香港制造业的主导，其中手表出口量、玩具出口额一度高居全球第一。从制造到设计制造，则又是一个进步。

到 20 世纪 80 年代，香港的电子业已经很发达了。香港生产商以原创设计（ODM）模式为主，赛霸、信利（Truly）、伟易达（V-Tech）、权智集团（Group Sense）、Venturer、GP 以及 ACL 等公司都很活跃，它们自主设计制造产品，但是打客户品牌。

1978 年之后，香港制造业开始大规模内迁。1978 年在香港创立的亿利达（Elite）在 1987 年 11 月来到深圳南山区的南油设立了企业，就在华为的隔壁，主攻无绳电话。

做了电话，就会想到做电话交换机，用户交换机（俗称小总机）的技术门槛比较低，香港厂商也率先进入了这个市场。

几个香港青年成立的鸿年公司设计生产了小型模拟交换机，卖给内地的矿山、学校和医院等单位，后来鸿年又在珠海设厂生产。

早年，几乎每个大一些的单位都有小总机。企业内部通话就是通过内部的小总机，打外线时才连接上电信局。

华为是鸿年的合作伙伴之一。华为拿到货之后，再以华为自己的品牌对外销售，型号是BH01。也就是说，从一开始，华为的定位就并非纯粹的代理商。

华为被迫开始自研

作为鸿年的代理，华为经常得不到供货，这让华为很被动，不得不开始自己研制产品。

1991年9月，华为在西乡蚝业村的工业大厦租用了整整一层楼开始了创业之路。这一层楼既有单板、电源、总测、准备4个工段，又有库房、厨房，还有十几张用于休息的简易床铺。身体撑不住了，开发人员就席地而卧，还未等养足精神，就起来接着干，不论职位，均是如此。那时候还没有空调，仅有的吊扇对于深圳的高温基本起不了什么作用，设备信号的闪烁与高频电流的共鸣，对入睡来说也不是什么问题。

开发项目组的郭平和莫军等人，在冲刺阶段几乎是夜以继日地工作，全靠抽烟提神。

那时的电路板还是单层板，可用复印机一比一地精确复印印制板，工具就是万用表、示波器。

最终，1991年12月，BH03产品通过了全部的基本功能测试，首批3台BH03（24用户）于1991年12月2日包装发货出厂。这一年的最后一个夜晚，全公司的工作人员在工段上举办庆功会。这个工业大厦后来成为华为的西乡生产基地。

钟深华在回忆 1991 年华为的破釜沉舟之战时写道："事后才知道，公司在 1991 年收到的订货预付款已经全部用完，公司账上已没有什么资金，再发不出货，公司就要破产。"

确切来说，BH03 是仿制品。任正非曾提到，当时的邮电部让珠海鸿联的合资企业将 BH01 的资料以 3 万元一套的价格卖给全国数十个厂家，华为的仿制也就合法化了。

立项开发 HJD48

郭平在 1988 年以华中科技大学研究生的身份来华为实习，毕业后一直留在这里。他找到了去清华大学读博士的同学郑宝用一起来做开发。被深圳方面的热情感染之后，郑宝用连博士也不读了。

也是在 1991 年，华为立项开发 HJD48 小型模拟空分式用户交换机，单机的容量先做 48 用户。因为有了仿制的 BH03 的 24 用户机作为基础，华为完全自研做出 48 用户的机器还是有把握的。

不过，此时底层的软硬件设计能力迫切需要补强，华为挖空心思到处撬人，深意工业大厦隔壁的亿利达公司的大徐（徐文伟）就加入了这个充满着革命豪情的新兴公司。从亿利达同来的还有他的小伙伴，中国科学技术大学 85 级少年班的软件天才聂建林。

华为正式进入了"程控"时代，使用 Z80 单片机以及汇编语言，可以实现一些管理功能。Z80 是当时最为流行的 8 位单片机之一，当时还有 MCS51，我在大学里学微机原理时就是学的在 Z80 上的汇编语言。1994 年考研究生时，摊开试卷一看，我傻眼了，考卷上是基于 Intel 8086 的 16 位机汇编语言编程。

徐文伟还写过一篇指导书《如何用万用表和示波器调测交换机》。

在 1992 年，华为的销售收入达到一亿元。阿宝（郑宝用）成了华为的"二号首长"，担任总工一职。

华为自己也用上了 HJD48 系统。1993 年，任正非的女儿孟晚舟到华为当了总机的接线员："你好，华为。"

1996 年，中国电信开始推广虚拟小交换机（Centrex）业务，强势收编各个单位的小总机，用户交换机的市场就越来越小。

1994 年，我拿到了深圳通广北电的录用通知，主攻用户机，但因去中山大学读研未能成行。

华为第一颗芯片在徐文伟手上诞生

1991 年，任正非亲自决策，徐文伟领导初生的器件室开发了华为第一颗专用集成电路（ASIC）芯片，并成功应用于 HJD 48 的用户板上，使每板容量从 4 用户提高到 8 用户。这个用户板也用在了后续的 JK 1000 以及 C&C08 上。

交换机上数量最多的器件是用户板，一块板接 8 或 16 对用户线，接口控制和音频编解码（Codec）芯片用量很大，如果使用通用芯片，产品就会陷入价格战的汪洋大海。华为要生猛地甩开竞争对手，只能开发自己的芯片。

大徐首先在 PAL16 可编程器件上设计自己的电路，在实际应用中验证，如果有问题还可以修改。等到成熟之后，再将可编程器件上的方案委托一家拥有电子设计自动化（EDA）能力的香港公司设计成 ASIC 芯片，去德州仪器（TI）进行流片和生产。

这次开发的代价是不菲的，一次性的工程费用就要几万美元。20 世纪 90 年代初有外汇管制，外汇额度非常稀缺。任正非是左思右想才痛下决心拍的板！

一次流片成功！这在当时并不是一个大概率事件。华为这颗应运而生的芯片是颗多功能的接口控制芯片：当参数为 00 的时候，用于用户板；为 01 的时候，用于 E/M 中继板；为 10 的时候，又可有其他用途。

这颗芯片没有名字，就直接叫它 ASIC。

当时有个说法，如果这颗芯片不能开发成功，就没有今天的华为了，因为华为的外汇空了，竞争力也没有增强。

1993 年，华为一边招聘了曾在无锡华晶（现华润微电子）中央研究所从事芯片设计的李征，另一边花大价钱买来了西方的 EDA 设计系统，从此有了自己的 EDA 设计平台，不用再委托香港公司了。

当时，2000 门的数字程控交换机（C&C08 A 型机）只能通过小容量的通用器件级联来实现时隙交叉（就是数字交换），要用整整一个机柜的器件，因此迫切需要"瘦身"，自研一款合适的芯片就成了当务之急。

还是一样的套路，但说起来容易做起来难，要先用可编程逻辑器件调试时隙交叉系统网片，再把调试好的可编程逻辑器件用自己的 EDA 设计成 ASIC，送到国外流片和加工。

1993 年，华为第一颗用自己的 EDA 设计的 ASIC 芯片问世，并成功实现了数字交换机的核心功能——无阻塞时隙交换功能，这就是基于时分复用（TDM）技术的 2K×2K 交换矩阵。

这次徐文伟给它取了个大气的名字"SD 509"，S 代表"Semiconductor"（半导体），D 表示 Digital（数字）。后来还有了模拟芯片 SA 系列、厚膜电路 SH 系列。

C&C08 程控交换机的画风一下子从粗犷变得柔丽起来。一个模块用两个交换网（NET）板（热备份）就可以轻松搞定时隙交叉功能！

曾参与华为程控交换机多块电路板设计的胡庆虎表示，SD 509 持续发展，成为华为程控交换机强大核心交换能力的技术基础。

20 世纪 90 年代，华为中研部总裁走马灯一样更换，但副总裁徐文伟一直不换，人送雅号"千年老二"，因为他尽管不负责整机，但负责基础技术，如电路板设计、芯片设计和操作系统设计，这些技术是程控交换机的基石。

华为程控交换机的交换网板

东南大学校友总会姚志彪、徐文伟、本书作者戴辉合影（2019年）

第 22 章

华为的踏脚石——JK1000 程控交换机

阿宝（郑宝用）主持研发的 HJD 48 小总机，让华为赚到了第一桶金。不过好景不长，这个领域逐渐出现了上百家同类型企业，形成了一片红海。而邮电体系使用的程控交换机蓝海市场"七国八制"，利润高企。

首先杀出用户机重围冲入运营商市场的是 JK 1000（局用空分程控交换机）。在当时邮电部规定的截止日期前，华为终于获得了 JK 1000 的生产牌照，销售了近 200 套，华为获得了第二桶金，JK 1000 成为华为坚实的踏脚石。

JK 1000 在技术上的最大贡献是基于 Intel 386 CPU 设计了工业级主控板，并用汇编和 C 语言构建了一个粗糙的自主操作系统。后续的 C&C08 也沿用了这个架构，并进一步完善。

用小投入，进入电信局用交换机大市场

现在的华为很强大，但当时的华为只是一个"草台班子"。

据我所知，第一个加盟华为的通信科班毕业生，是来自北京邮电学院（今北京邮电大学）的王诚。老板一看简历："什么？北邮的，要了！"于是王诚就挎着包找

同学和校友帮忙去了，后来他担任了市场部总裁和首任亚太区总裁，我也两度在王诚的手下做产品销售。

为了防止一哄而上的恶性竞争，供应商要进入邮电系统，首先要有政府发放的生产牌照。华为要进入的时候，500 门程控交换机已经没有生产指标了，好在 1000 门机还有机会。

1991 年冬，华为抽调了大约 10 人成立项目组，尝试开发制造运营商设备，从此走上了与世界各国之"狼"共舞的不归之路，这是一种"不成功，便成仁"的悲壮经历。

时间很紧，如果华为在 1992 年年底前不能拿出成果，就会失去进入邮电系统的"门票"，也就没有今天的华为。

交换网络是空分还是数字，对于通过当时邮电部的鉴定，并没有任何影响。模拟空分技术做到 500 门之上已经很难了，大徐就组织开发了两个 500 门的模拟空分模块，合在一起做成了 1000 门。

中兴在当时的南京邮电学院（今南京邮电大学）交换教研室陈锡生和糜正琨教授的直接支持下，完成了 ZXJ 系列数字程控交换机的总体设计和研制。早在 1986 年，南京邮电学院就派了 3 位年轻老师来中兴开发 500 门数字程控交换机。1989 年，中兴的 500 门数字程控用户交换机通过了邮电部的鉴定。1991 年 12 月，中兴 500 门局用（邮电）交换机研制成功。华为在江苏苏州的吴江桃园镇开局成功，为进入 C5 级农话局端打下了基础。

有些观点认为，华为 JK 1000 没有采用数字网板是失误，但我们回看 1991 至 1992 年，华为连电信的门都没有踏进去，所以首要目标是拿到"门票"，要解决的自然是关键需求。所以可行的办法就是，在有限的时间和精力内，做满足当时邮电部入网标准的空分程控交换机。

第一套操作系统与工业级主控板研制成功，开创新时代

要进入邮电系统，核心是要实现电信运营商级别的"程序控制"，也就是主机系统。在极其有限的人力和物力下，华为核心的主机系统采用什么技术路径能最快实

现目标呢？当时有 4 个选项。

一是采用基于单片机和汇编语言的控制方式（华为 HJD 48 程控交换机）。尽管叫"程控"，但交换机主要实现的是打电话的功能。然而当时的邮电部对入网的要求甚多，在传统单片机上用汇编语言是无法满足的。

二是采用精简指令（RISC）的 CPU 芯片，如当时颇为流行的摩托罗拉芯片，但是难以用高级语言（如 C 语言）为其编写软件，编写操作系统和提升新业务也会很辛苦。

三是采用市场上可买到的基于 Intel 386 CPU 的 PC 主板（攒机爱好者最为熟悉了），但它的可靠性不够，各种接口也不匹配，更没有办法做热备份。

最后一个选项是采用 C 语言＋汇编语言的混合编程方式，自主设计基于 Intel 386 CPU 的高可靠性主控板（不用市场上的通用 PC 主板）。

最终，华为决定采用最后一个选项来研制 JK 1000。这个新开发的主控板也取名叫主处理单元（MPU）。大徐是硬件开发者和汇编语言高手，聂建林是 C 语言高手，双剑合璧，他们和大家一起锻造出了 JK 1000 的主机软件系统。

JK 1000 主机软件系统的核心，是一个原生态的基于命令行的嵌入式操作系统，它初步具备了操作系统的基本特征，如对全部软硬件资源的管理和分配，任务调度，控制、协调并发活动等。

软件测试是一个难题。最初，主机软件系统动不动就停止运行或者陷入无限循环。为了检查到底问题出在哪里，程序中设计有不少计数器，并存储在内存的某个特定位置。死机后，工作人员通过查计数器的数值，来分析判断问题在哪里。

曹贻安曾写道："有个叫聂建林的是负责写 JK 1000 交换机软件的，他用一个礼拜就可以让交换机通话，他可以用机器码这种东西来编整个程序。任何一款设备，包括我们的绘图仪出现问题，他都能修，非常牛。有一次我的计算机出了点问题，正好他在边上聊天，他接过计算机随便敲了敲，然后告诉我说：'有个扇区坏了，我帮你屏蔽掉，你可以接着用。'"

10 多个人，只用了几个月，就在 1992 年下半年开发出了 JK 1000 局用程控交换机。这也是大徐第一次带领团队完成从埋头苦干到抬头看路的"大转身"。

1992 年下半年，浙江海宁的某镇开通了 JK 1000 局用交换机。大徐、聂建林和研发团队在现场修改软件、编译、加载、运行，这都是当年的土办法。就这样，JK 1000 局用程控交换机赶在最后关头通过了邮电部的鉴定，拿到了入网证这把"金钥匙"。

值得一提的是，他们用 C 语言写好软件，通过 C 语言编译器产生汇编代码，通过汇编器再转成二进制执行代码。程序员要理解汇编代码，以及汇编代码与其源 C 代码之间的联系，因为编译器隐藏了太多的细节，如程序计数器、寄存器（整数、条件码、浮点）等。这正是大徐的强项。

在这里埋下了编译器的伏笔，今天的华为已经有了方舟编译器，可以让手机"跑"得更快。

JK 1000 的主机软件系统会随着使用变得越来越慢（早期的安卓系统也是一样），大徐就设置系统在每天半夜 2 点——没有什么人打电话的时候——自动重启，释放掉所有资源，美其名曰"半夜鸡叫"。

早期的主机软件就是一个大包，每次都是整体升级，复位重启。为了解决网上的问题，有时候一个下午就会出几个版本，如 3 点钟版、5 点钟版、7 点钟版。为了能实现整个系统的快速复位重启，大徐创造性地使用了闪存技术，在备份的 MPU 闪存上先加载新版本的主机软件，重启该 MPU，然后进行主、备 MPU 切换，一秒钟整个系统就复位成功了，堪称光速！这个技术也是后来华为移动全球移动通信系统（GSM）技术的卖点之一。

开局成功后，压力释放，大徐住进了医院，这才有时间静静地阅读通信原理的相关书籍，并感慨：原来通信是这样一回事情，自己还一直把它当作自动控制设备来开发呢。

任正非后来提到，开发人员是看着当时陈锡生的《程控交换原理》来设计软件及硬件的，后来还得到了北京邮电学院陈俊亮、程时端等老师的指导。

一、在一年多的窗口期，赢得了第二桶金

华为在主要的省会城市开设了办事处，初步建立了覆盖全国的市场体系，但是也很简陋。比如姚福海到了山西太原，找了个旅馆住下，打电话告诉公司自己住哪个旅馆的哪个房间，太原办事处就这样成立了！

华为在全国各地邮电局大张旗鼓地推销 JK 1000。全国 2000 多个县，每个县的邮电局都有决策权，需求也非常强烈。在一年多的时间窗口期里，华为卖了近 200 台 JK 1000，赚了不少快钱。

有很多观点认为 JK 1000 是空分制式，技术落后，所以逼得华为不得不同时启动数字制式 C&C08 的开发，搞得企业差点崩盘，而真实情况恰好相反。

如果没有凭借 JK 1000 在最后关头获得"门票"，华为就进不了电信的门。如果没有近 200 套的销量，华为也没有开发数字机的费用。更加重要的是，没有底气去挑战数字机。

JK 1000 奠定的主控架构与操作系统，在 C&C08 上继续使用并发展。

二、水平不够，服务来凑

华友会会长俞渭华 1993 年进入华为，开始是去东北做服务。某天，某乡镇的 JK 1000 因受雷击冒青烟了。俞渭华紧急赶赴现场，却发现机器已经严重损坏，难以修理。他联系了办事处主任苏伟，果断决定为客户更换新机。旧机前脚刚拉走，后脚新机就到了。虽然防雷与阻燃是工艺问题，与通信技术无关，但华为通过快速响应获得了客户的理解，同时也在市场中获得了立足之地。

作者戴辉（左）与华友会会长俞渭华（右）于华为创始之地

第 23 章

做到极致的数字窄带交换机

平行开发,逐步推进

在华为历史上,同一个产品往往同时有多款在开发,采用依次突破的方法,每款产品都是成功产品。任正非在题为"创业创新必须以提高企业核心竞争力为中心"的演讲中说:"我们提出了在新产品开发中,要尽量引用公司已拥有的成熟技术,以及可向社会采购的技术。利用率低于70%,新开发量高于30%,不仅不是创新,还是浪费,它只会提高开发成本,增加产品的不稳定性。"

大家来看看华为进入电信市场早期阶段的几个里程碑。

BH 03开发后期启动了HJD 48的开发,HJD 48开发后期启动JK 1000的开发,JK 1000开发胜利在望的时候,启动了数字机C&C08 A型机的研发工作。

C&C08 A型机的主机系统承接了JK 1000,技术上则聚焦于攻克数字网板的难题。

1993年,徐文伟负责的器件室承担了关键的数字网板的电路板设计工作。从这时起,华为的电路板设计工作,从手工操作大跨步转向了现代计算机辅助设计

（CAD）。李祥庭也是在这个时候看到了电线杆上的小广告，作为 CAD 工程师加入大徐的团队的。

1993 年，C&C08 A 型机开发成功后，华为紧接着又研发了万门机（C 型机和后续定型的 B 型机）。这次主要解决的技术问题有两个：一是通过自己设计芯片来提高数字网板的集成度和容量；二是通过光模块来实现模块之间的连接，从而大幅度扩容单局点的容量，实现万门机。

1993 年，徐文伟负责的器件室里，李征和叶青等人成功地将数字网板技术 IC 化，SD 509 广泛用于时隙交换，大大缩小了数字网板的体积。这也是华为第一次自己用 EDA 进行设计。

JK1000 在程控上有了突破，C&C08 A 型机在数字交换网板上有了突破，C 型机以及改版的 B 型机则是通过光纤连接多个模块以扩大容量。主机软件和底层的操作系统是一脉相承的。

可以看到，华为在研发领域的成功经验是：将每次产品开发的创新工作量控制在一定范围内，确保每个产品都能进行商业销售；步步为营，稳打稳扎，层层推进。

1994 年摄于美国，右起毛生江、黎健、郑宝用、徐文伟、杨汉超、李一男、刘启武

自研数字程控交换机

JK 1000 拿到了运营商"门票"是很重要的一步,但是会面临更加严酷的竞争。西方公司普遍推出了数字程控交换机,且国内已经在广泛使用,华为要想有所作为,还得迎头赶上。

1992 年下半年 JK 1000 开发成功之后,华为也启动了数字程控交换机(A 型机)的研发工作,为此招聘了大量的开发人员,成本陡增。

曹贻安在《在华为打拼杂记》中写道:"国内研制出的数字程控交换机当时比较有名的有郑州工程兵学院的 04 机和邮电部第十研究所(大唐的前身)研发的 2000 门交换机,邮电部组织各生产交换机的厂家与他们联合生产,公司(指华为)也出了一些费用而加入了生产十所(指第十研究所)的产品(研发工作),其实就是低价买进来再卖出去。而公司也就买了一台十所的 2000 门设备。"

1993 年年底,华为研制出了容量为 2000 门的 C&C08 数字程控交换机(A 型机,单模块),首先在浙江义乌的佛堂局实验。华为派人用大货车将机器与调试环境一起拉到现场后,就在客户机房现场做程序的修改。

万门机是道大坎,中国出现了"巨大金中华"

华为 2000 门数字程控交换机研发成功之后,终于赶上了中国电信大发展的节奏,与此同时,华为内部对于要不要继续研究万门机,出现了不同的意见。

有些人认为大家太累了,终于可以歇口气了,而且华为现在还在亏损,应该减少对研发的投入,让企业尽快盈利;还有人认为,逆水行舟,不进则退,如果不尽快研制万门机,就可能要落后于人了。

最终的结果是,1994 年下半年,华为开发出了真正的万门机 C&C08,内部编号为 C 型机,它将多个模块连接在一起实现了 10000 用户容量,并在 1995 年年初通过了邮电部的生产定型鉴定。

1994 年,华为已经发展到了 1000 人。当时资金很紧张,只好给员工开半薪。

在万门机研发方面，华为第一次超过了中兴，领先了半年时间。之前，华为的技术开发进度其实一直是落后于中兴的。

这次开局测试定在江苏。江苏省农话处组织了华为和中兴两家企业开设万门机商用实验局，华为在邳县，中兴在兴化。这是华为的万门机系统第一次投入商用（实际应用 4000 线）。C 型机的运行日趋稳定，最终在 1994 年 11 月通过省局鉴定。

C 型机积重难返，修修补补，还不如推倒重来。1995 年，新版本 B 型机研发成功，系统才彻底稳定下来。华为的大系统，代码经常要重写一遍才能稳定，后来的 C&C08（128 模）以及 GSM 也一样。

B 型机的框架与美国朗讯 5ESS 机（5 号机）是一样的，同样有一个管理与通信模块（AM/CM，类似大脑），以及多个基本模块（BM，类似四肢），用户板和中继板都在 BM 上，连接千家万户。在 AM/CM 与 BM 之间的连接使用了光缆，这使得系统的容量更大。

有意思的是，这个事情还是乌兹别克斯坦的客户金先生告诉我的，他是韩国大宇通信系统的总设计师。

当时国货的技术不够，就用周到的服务和实惠的商务来凑。我的同学姜新，1994 年开始在湘潭电信局做运维，他对华为交换机的评价是，大问题没有，小问题不断，出了问题反应还是很快的。

借助新业务，华为进入大城市

1995 至 1996 年，华为从农话市场进入市话市场，与市场份额最大的上海贝尔展开了激烈的竞争。

华为的 C&C08 在国内率先推出了虚拟小交换机功能，成了帮助中国电信收编小总机业务的"武器"；利用公众网络的资源来组成专用网络，为公众网络用户提供虚拟专用交换分机（Private Branch Exchange，PBX）服务。这样一来，单位再也不用建设自己的小交换机了，全部交给中国电信即可！直到现在，我们拨打公内部的短号，其实也都是先接到电信局，再连接到用户，只是电信局在这个过程中不收费而已。

ISDN 是综合业务数字网的英文简称，它能将话音、数据、视频集中在一个网络里。ISDN"一线通"在一根电话线上可以接两个电话机，当时很时髦，但这是一个短命的技术，没有几年就"香消玉殒"了。

1996 年，李祥庭成功地将华为交换机推广进广州，实现了在大城市的突破，随后又开通了深圳商业网。广州新市的交换机与深圳商业网的单个合同都接近一亿元！这是华为史无前例的大合同。当时负责 C&C08 研发的"阿茂"（张顺茂）等人做出了不少努力。

华为在深圳的第一个交换局在科技园中区

1996 年 3 月，C&C08 交换机在香港和记电讯开始商用，首次服务内地以外的运营商，推出了移机不换号新业务（Number Portability，NP）。

1996年，正在中山大学电子系读研究生的我参观了广州电信展，第一次看到了如此之多光怪陆离的电信设备。之前我对电信设备缺乏直观的了解，这次算是狂补了一课。华为的展台很大，工作人员给我发了一本很厚并且很精美的解决方案手册，上面有五花八门的组网图，这也是我与华为的第一次接触。

李祥庭回忆说，商业网就是个噱头，其实就是如假包换的市话端局业务。这种进入方式，华为习惯叫"插花"或者"叠加"，对原有的网络结构并不做大的改动。然而在固网上成功的思维定式，却差点让华为在无线网络市场坠入痛苦的深渊。2017年，任正非总结说："我们只有固网的经验，不知道无线网络不能插花，只能整网建设。"

1998年我初入市场，徐直军来给我们这些"菜鸟"们讲市场策划，介绍了商业网和接入网的拓展经验。华为看到机会后，动员全公司力量，使用"压强原则"，让执行力得以充分释放。

和上海贝尔开战，在接入网市场获得巨大战略胜利

1996年开始，接入网的概念为电信网带来了一次观念上的变革。按照"少局所、大容量"的思路，大容量交换局可以通过光缆和接入设备替代众多中小容量局所。当时的邮电部也及时制定了一系列适用于中国通信网的接入网标准，如《本地数字交换机和接入网之间的V5.1接口技术规范》，而且强调新进入市场的程控交换机在用户端必须支持V5接口。

V5接入网技术是中兴率先做起来的。拿了美国的风险投资的新兴企业UT斯达康也在这个领域耕耘。华为看到有利可图，快速跟进！

上海贝尔坚持采用远端模块，不提供V5接口；华为、中兴和UT斯达康则大造V5接口的攻势。两方针锋相对。

中国电信怎么想？

运营商都是要考虑投资回报的，所以设备的成本很重要。为什么中国电信对接入网很有兴趣？是因为采用接入网可以大大降低整体投资。

为什么会这样？这是因为在交换机里，用户板的单价非常高（其实中外厂家都是这样定价的）。而在 V5 体系中，用户板都转到接入网的接入单元中去了。如果用华为和中兴的国货来做接入网，就可以大大降低总体设备投资。

上海贝尔非常清楚这一点，所以拒绝提供 V5 接口，结果就是国产接入网没有办法和它对接了。

这个时候，华为、中兴和运营商一起想出了一个绝妙的主意，就是在西方公司程控交换机和华为的接入网之间增加一个协议转换器（STE），实际上就是 C&C08 B 模块，这个协议转换器的作用非常关键。其实它就是一个程控交换机（端局），带 V5 接口的国产程控交换机加上 V5 接口的光纤接入网的解决方案，顺理成章地抢占了很多新扩容的市场。

上海贝尔有一个文笔很好的博士叫林锐，他在 2000 年写了一个伤感的故事《华为的进攻》，总结了上海贝尔是如何一步步输给华为的。文中他提到：“中兴和华为大力推广综合宽带接入网，等到上海贝尔反应过来的时候，市场已经失去了很多。”

我在 1998 年年初检验了不少华为最早的接入网设备。最初一版中，光线路终端（OLT）用的是 C&C08 B 模块，次年改了设计，体积就小很多了。而协议转换器就是一个标准的 C&C08 B 模块，我利用检验员的权力之便，东学西摸，搞明白了局向、路由和号码分析。接入网的末端单元叫光纤网络单元（ONU），五花八门的室内或者室外型 ONU 纷纷问世，可以放到马路边，据说还有放在猪圈的。

1998 年，华为西乡生产总部的接入网发货量非常大，连车间过道里都堆满了设备。接入网制造部请了很多工人来帮忙在配线架上打用户线。

群雄迭起，人才成为核心竞争力

曹贻安曾写道：“邮电部在十所举办技术培训班，我带着新招来的十几个人来到古城西安，白天去十所上课，晚上设计自己的交换机，实际来西安有 3 个任务：学习、设计和引进人才……所以白天上课时我会更多地注意兄弟厂家中有没有水平高的人才，发现了就会在课间主动交流，晚上就请他们吃饭、吃夜宵……一个多月下来，我们很好地完成了学习和设计任务，并带走了 3 个很不错的人才。"

华为取得初步成功之后，一些被"撬了墙角"的邮电系统的单位向当时的邮电部部长吴基传告状，要求邮电部限制华为入网。老部长大手一挥："大家都是中国公司，肥水没留外人田！"改革开放之初，老部长为了搞外汇购买通信设备，伤透了脑筋。在这个巨大的市场里，中国企业发展起来，正是他的愿望。

参与过 C&C08 电话交换机开发的华为知名人士，我知道的有郑宝用、徐文伟、毛生江、舒峻、张顺茂、黎健、丁耘、查钧、聂国良、杨汉超、姜明武、费敏、李晓涛、黄耀旭、刘平、王良文、曹贻安、张云飞、陈青、余厚林、唐新兵、陈硕、曾浩文等人。李一男（小牛电动）、郑树生（迪普）、吴闽华（震有）、黄汪（华米）等人则在离职后分别创立了公司并成功上市。

用服大厦（一号楼）一进门就可以看到一张很大的照片，中间是一个面带微笑、工卡却斜挂在腰带上的人，他就是洪天峰。洪天峰个头很高，说话声音却不大，印象中性格很好。

早期程控交换机研发人员中的何士友值得一提，他后来跳槽到中兴，并在之后担任了副总裁。与之对应的是丁耘，从中兴来到华为做程控交换机研发，也担任了副总裁。

当年的人力资源部（HR）负责人陈珠芳老师来自华中科技大学，在 1997 年的华为新员工入职培训上，她给我们上课时讲了一个故事。

1996 年，老板要求招 500 名大学毕业生（1996 年入职），她最初觉得如果 500 名毕业生一起进来，都是差不多年龄，年龄层次拉不开，会有管理难度。但老板坚持这么做，HR 就坚定地执行了。这是华为第一次大规模招聘应届毕业生。也就是在 1996 年，华为的 GSM、光传输、新业务三大新业务模块都红红火火做了起来，年轻的毕业生们也起到了挑大梁的作用，如王劲、何庭波等人。

信令转接点（STP）获得巨大成功

中国移动最早建网的时候，信令和语音是在同一个网络中传输的。随着话务量越来越大，1998 年，中国移动决定将七号信令的传输分离出来，创建独立的信令网，并且分为 A 和 B 两个平面。

经过多轮博弈，华为负责承建其中一个平面，另外一个平面由外企建设。

信令网相当于整个电信网的指挥部或控制中心。一条信令网的链路出现故障，会影响成千上万部电话的使用。信令网实际上就是一个数据交换网，它的核心设备就是 STP。在 5G 标准中，华为主推的 Polar 码就用在信令中，建立呼叫的时候传输的就是信令。

在网络割接过程中，由西方公司承建的平面瘫痪了，所有流量全部导向华为承建的平面。华为一个平面承接了两个平面的流量，以一当二，依然屹立不倒。

C&C08 iNET——"地表最强"窄带数字程控交换机

1999 年，华为研发出了支持百万用户级的 128 模块交换机 C&C08 iNET。有意思的是，第一版交换机推出后，出现了众多漏洞（bug），修修改改很麻烦，于是工作人员重写整个系统代码。同样的事情，华为在研发 GSM 时也干过。

华为对 C&C08（128 模块）积极优化降低成本，逆势成为最大的窄带数字程控交换机供应商，该型交换机大卖特卖，榨干了传统固网交换机最后一块钱的红利。

2000 年，我去黑龙江出差，和当地的华为固网销售人员聊天。他告诉我，固网交换机的价格已经到地板上了，几十块钱每线都可以卖，而且还可以赚钱。

中兴的 ZXJ10 数字程控交换机并没有对标华为 128 模块的窄带数字程控交换机版本，而是直接扑上去做基于软交换的下一代网络（NGN）。

2017 年 12 月 21 日，中国电信最后一个 TDM 程控交换端局在上海下电退网，标志着中国电信告别程控交换，将以全球最大的全光网络、全 IP 组网，开启中国全光高速新时代。这是 TDM 交换机辉煌的落幕。

中国电信最后一台 TDM 交换机下电仪式

GSM 移动交换系统迅猛突破

1997 年，在移动通信领域，华为也使用了 C&C08 B 型机的系统架构来构筑移动交换中心（MSC）和基站控制器（BSC）/ 无线网络控制器（RNC）。

1999 年，华为获得了福建高达 3 亿元的 GSM 项目，主要是关口移动交换机（GMSC），从此，华为的移动交换系统在国内占领了一定的市场份额。这是一个非常难得的市场机遇。

华为有一项独特的技术，就是 GMSC 和移动智能网的业务转接点（SSP）合一。因为全国的移动智能网为华为所建设，在大概一年时间里，西方公司的 MSC 尚不能支持移动用户增强逻辑的客户化应用（CAMEL）协议，还需要采用华为的 SSP 进行话路的迂回。华为因此卖出了大量的 GMSC/SSP，稍微扩下容，就可以成为一个标准的 MSC。

国产厂家华为、中兴和大唐进入之后，GSM 交换设备的价格下降了 95%，这使得中国移动的成本大幅下降。

西方公司再也不像以前卖固定交换系统那样麻木不仁了，它们开始了疯狂的竞争。

最初拓展海外市场的时候，大家也以为会像国内一样，移动交换系统好卖，后来发现情况不是这样。一方面是因为现网的状况都比较复杂，要融入不容易，尤其是大国；另一方面是移动交换系统承载的用户多，万一出事的话影响很大，海外运营商对华为的信任度还不够。

俄罗斯的入网测试就搞了很多年，其中一个问题是兼容各种传真机、收款机（如加油站的）等。华为一直都没有很好地解决这个问题，一直熬到老式的终端全部退网为止。

2001 年，华为在印度参与了艰苦卓绝的 MSC 入网测试，我是现场技术总协调人，这段经历刻骨铭心，这也开启了华为核心网与摩托罗拉合作的历程。

IPD 的一个教训

2000 年，128 模（块）交换机的开发，成为集成产品开发（IPD）最早的样板工程之一。

但因为华为刚开始拓展海外市场，看到的需求太少，集成组合管理团队（IPMT）就没有决定开发 128 模交换机的海外移动版本，而这给海外的拓展带来了不利影响。因为传统的 32 模交换机（中国移动称其为 G3）太老了，竞争力不够。徐直军表示："我不管，反正没有这个版本，我在海外就卖不出去！"

过了一年，华为不得不开发 128 模的版本，取名 G6。

这两个版本都要维护，带来了不少额外的工作量。

后来，在软交换的开发立项中，我们就汲取了教训，固定和移动版本同时开发，国内和国外版本同时开发。

第 24 章

全面 IP 宽带化，先抑后扬软交换

一 中国电信 NGN 惨败，IP 软交换架构绝处逢生

世纪之交，传统的时分电路型（TDM）交换机影响力逐渐下降，下一代网络（NGN）逐渐进入市场。

2001 年，我在印度奔忙的时候，中国电信进行了 NGN 实验局的招标。华为惨败，友商中兴则荣耀登场。

我在 2002 年初回到国内的时候，了解到印度研究所的几百位印度工程师都来到了深圳，和中国工程师一起封闭开发软交换技术，工资照发，每天补助 50 美元。和我一起参加了入网测试的班研所工程师也来了。

华为理解的 NGN 的核心是软交换，最大的技术进步是基于全 IP 的包交换。传统的 TDM 体系下，一路通话是固定的 64KB/s，而基于 IP 的话路则灵活很多。

软交换相比传统 TDM，处理能力大大提升，每个用户的成本也大大下降。

重新设计的华为 NGN，采用了基于紧凑型外设部件互连标准（CPCI）平台的硬件技术和 VxWorks 这样的嵌入式操作系统，实现了很高的效率。

丁耘负责固网的开发。这次大家学聪明了，固定和移动的不同版本，国内和海外的版本，都一起开发。之前在 128 模上没有第一时间开发海外移动版本的失误并没有重蹈。

2003 年，华为 NGN 的第一个局点是服务华为自己的研发中心，设备则放在深圳电信的机房里，当时技术问题暴露出不少，比如打对方电话却听到的是传真机的声音等。

自家的狗粮得自己先吃（Eating your own dog food）这句话是 1988 年由微软开始使用的，意思是自己生产的产品至少自己要喜欢用。中国有句类似的话："己所不欲，勿施于人。"

移动通信也用上了软交换技术

早在 2000 年，等待签证驻外期间，我成为华为第一个在国际会议上发言的人。这是由中国移动赞助的亚太无线会议，由李默芳主持。

我从华为 3G 研发部门那里要来了 3G 的资料，整理了一套 PPT，背了个滚瓜烂熟。

3GPP 的 R99 标准以及其演进的 R4 标准在移动的程控交换系统（核心网）架构上变化很大。传统的移动通信交换系统（核心网）可以从传统的 2G 网络先平滑演进到 3G 的 R99，这对现在的网络供应商（如爱立信等）是最有利的。因此，传统的 2G 设备供应商，如爱立信、西门子，都希望运营商先采用 R99 标准，这样他们的现有交换机可以平滑演进。

R4 基于全新的软交换架构，是对移动通信系统的革命。如果运营商直接用 R4 标准，那么对于新来者，如华为，就可以和这些老供应商们站在同一条起跑线上。

在会上，我说："反正是要到 R4 的，不如一步到位，可以引入华为竞争，省好多钱！"

我这个愣头小子的狂言，居然在后来成了现实。因为 3G 商业模式成熟得慢，全球大规模 3G 建网的时候，已经是比 R4 还要高级的 R5 和 R6 标准，当然要一步到位上全新的 2G/3G 兼容的核心网设备。

2004 年，我们在海外推广的核心网也有基于软交换的 MSC，取名为 G9，区别于之前基于 TDM 的 G3（源自 C&C08 32 模）和 G6（源自 C&C08 128 模）。G9 是兼容 2G 和 3G 的，之前的 G3 和 G6 都只支持 2G。

于是华为一度在全球的移动网络上同时部署了 3 套不同的移动交换系统。西安研究所的一个团队要负责同时维护这 3 套系统，很烦琐也很令人郁闷。

尽管之前华为在海外也突破了一些核心网市场，但是规模比较小。华为真正大规模突破海外的核心网市场，其实是从软交换开始的。

2004 年，华为为泰国移动运营商 AIS 上线了基于软交换的 HLR 系统，一度出过技术故障，去"救火"的车海平从此将满头秀发剃成了光头。在 2004 年圣诞节期间，东南亚大海啸，这套系统的表现不负众望。

随后 2005 年年初，沙特麦加朝圣期间，华为的软交换系统承受住了巨大话务量的冲击，这是一个标志性事件。

2005 年，我也在菲律宾 Digitel 卖出了完整的基于软交换的 MSC 和 HLR 系统，这也是全球软交换很早的应用之一。软交换的容量密度远大于之前基于 TDM 的 C&C08 平台；单个用户的价格也显著降低了，从以前的十几美元一个用户，下降到几美元一个用户。这一方面是 TDM 转向 IP 带来的技术进步，另一方面是摩尔定律带来的处理能力提升的结果。

最早报价的时候，目标价格定得太高，要实现目标价格，我给客户出的最终折扣居然小于 1%，成为笑谈。

很明显，此时移动通信的发展已经明显快过了固定网络，海外的发展也丝毫不亚于国内。摩托罗拉公司大规模代工华为的 2G/3G 软交换核心网。双方在上海张江设立了联合工作组，我还去转过一次。

移动软交换也进入了中国移动，第一个局点也是福建移动。这里是华为的福地。

2005 年，负责营销的胡勇牵头华为在北京召开了一场国际移动软交换大会，请全球客户来研讨。这个时候，国内和海外的应用同步。固网一枝独秀的时光一去不复返，移动网络已经逐渐超越固定网络了。

从卖货到授权，商业模式发生变革

早年主机系统软件中并没有做授权控制，升级和软件服务也是免费的。只要客户持续不断地买华为的设备，什么都好商量。

2004 年我去印度尼西亚运营商那里，发现西门子的服务人员每个月都过来一次，看网上增长了多少用户，就给运营商开张发票，等待支付。可西门子确实什么都没有干啊，怎么就可以收钱？

徐直军研究了行业惯例后，推出"存量收费"方案，按用户和功能收取授权费用，而软件维护和升级服务合在一起也向客户收取软件服务年费。华为的技术支持部门因此获得巨大收益，随着注册用户数的增长而不断收钱。

当年主要是靠卖硬件赚钱，不像今天软件授权才是真正赚钱的东西。因为核心网全部云化后，底层硬件就是 x86 通用服务器了，谁都能卖，毛利变得像纸片一样薄。

这是一个巨大的商业模式变革。早年，客户招标 30 万线核心网，华为老老实实地配置了 30 万线的硬件和软件。后来发现，西方公司只配置 30 万线的硬件，而软件只给一个起步数，如 5 万用户。等用户数增长后，西方公司每个月去运营商的机房查一下新增用户数，再让运营商支付授权费。这一点上华为就吃亏了。

固定交换与移动交换侧合并成核心网

2006 年以前，华为将移动 GSM 交换（核心网）和基站放在一起开发，靠着核心网的盈利来贴补不断亏损的基站。

3G 是战略产品，独立核算。2003 年 9 月，负责 3G 研发的余承东称已在 3G 上投入了 40 亿元的研发费用。

2006 年前后，GSM 基站获得了巨大的成功，收获了一些巨型项目。

华为做了重要的组织变革，固定和移动的核心网合并，2G 和 3G 的无线网合并。

固定交换与 2G/3G 移动交换合二为一，统一称为核心网。这个时候，固网已经越来越卖不动了，而移动网却腾飞起来！移动通信急剧发展，日渐成了主流。分久必合！两者的技术本来就是差不多的。

无线产品线涵盖 2G 和 3G 业务。核心网的分组交换域（PS 域）依然属于无线产品线。

原负责 3G 研发的余承东在 2005 年底进入产品行销部负责 GSM 和 UMTS 产品的销售。

中国电信与华为的情谊

华为靠程控交换机起家，可以说是在中国电信的怀抱中长大。在中国各大运营商里，华为与中国电信真可谓"情深似海"。

中国电信先是剥离出移动、寻呼和卫星通信业务，随后又一分为二，拆分为中国电信和中国网通。2002 年，拆分之后的中国电信集团公司虽然仍以 1303 亿元的收入位列中国最大的十家企业，但是已把行业老大的位置让给了中国移动。

关于中国电信的国际长途，有个有名的故事。当年从国内向国外打长途很贵（相比人们当时的收入），反过来却便宜（相比境外的收入）。所以绝大部分长途都是从境外打向国内的，结算的时候，境外运营商要付给中国电信外汇。这使得外汇稀缺时代的中国获得了大量的外汇。

2002 年 11 月 14 日和 15 日，中国电信分别在美国纽约和中国香港上市交易，香港华为是其公开发行股票中最大的认购者（10 亿港币）。

首次公开募股（IPO）后，周德强、广东电信负责人陈嫱娟、深圳电信总经理在麒麟山庄和任正非先生一起庆祝中国电信历尽艰难 IPO 成功。

中兴与 UT 斯达康也是在中国电信网络中成长，震有科技专攻软交换核心网，登陆科创板。

第 25 章

IT 与 CT 融合，率先实现 IMS 架构

随后几年里，国产的核心网市场爆炸式增长，华为和中兴等中国厂家通过惨烈的价格战，在国内获得了巨大的市场份额。西方厂家基本退出了中国电信的软交换业务，集体转向了 IP 媒体子系统（IP Multimedia Subsystem，IMS）业务。

从 2003 年开始，国际权威标准组织逐渐将 IMS 作为下一代网络（NGN）融合以及业务和技术创新的核心标准，认为 IMS 才是真正的 NGN。

西方厂家全力转向了 IMS，并认为这才是真正的 NGN。

上面讲到的软交换在硬件架构上从 TDM 转向了 IP，实现了控制与承载分离。

IMS 在系统架构上进一步做出了革命性的改变。在软交换实现的控制与承载分离的基础上，IMS 更进一步实现了呼叫控制层和业务控制层的分离。

我作为一线的产品销售人员，最大的感受是 IMS 的软件中引入了应用服务器（App Server）这个层次，也就是所谓的"业务控制层"。

华为历史上有一条很大的产品线叫业务与软件（简称业软）产品线，是将电信业务作为一个单独的系统（智能网或者业务分发平台）来开发的。

进入 IMS 时代之后，业软与核心网的结合就越来越密切了。当时流传一个段子，业软与核心网的人因为技术而吵架，有人慨叹，业务重叠越来越多，总有一天，核心网会和业软合并了！

随着移动运营商逐渐管道化，增值业务逐渐转移到互联网和手机公司头上，再争执显然已经没有意义了。核心网与业软逐渐合并成了"电软核"产品线，业软强大的电信级中间件软件平台——新一代业务平台（ENIP）——的能力也整合进了应用服务器。

随着移动通信和数据业务越来越发达，IMS 技术相比于软交换的优势还体现在宽带用户的漫游管理和 QoS 保障方面。

华为的软交换技术并没有大规模突破欧洲市场，但是 IMS 则大规模突破了欧洲市场。2005 至 2008 年，徐文伟担任欧洲总裁期间的"三件大事"之二，就是核心网的 CS 域与 PS 域都大规模突破了欧洲市场。突破口是德国电信 T-COM 以及其移动运营商 T-Mobile。

人们在宣传 IMS 的时候，都说未来移动和固定网络将合一，实现固定移动融合。但因为业务需求差异太大，早年实际上做不到，移动和固定网络还是两驾马车；到今天的云核心网时代，终于可以做到合一了。

CPCI 和 ATCA 硬件平台

紧凑型外设部件互连标准（CPCI）和先进的电信计算平台（ATCA）是两种不同的硬件架构，上层软件既可以是软交换，也可以是 IMS。

同样体积与功耗下，ATCA 的容量要比 CPCI 大一倍。ATCA 平台的出炉也宣告了华为刀片服务器的诞生，该服务器后来发展出外销的商用服务器业务。

CPCI 是基于 IP 的平台，每个厂家都会开发自己的硬件。CPCI 支持热插拔（Hot Swap），并具有较高的开放性和可靠性；ATCA 依然基于 IP，但是也采用了基于 IT 的架构，硬件采用刀片服务器架构。

ATCA 平台和 CPCI 平台硬件架构的不同之处在于以下 3 点。

- ATCA 平台完全满足 PICMG 3.x 系列标准，是真正的开放标准平台。
- CPCI 平台遵循 PICMG 2.x 标准，各厂家结合自身情况做了适当修改。
- ATCA 框间级联采用了内部的 SWU/SWI 单板，节省了原 CPCI 下使用的综合接入交换机（LSW）。

在 CPCI 平台上，每个印制电路板采用一颗 CPU，华为采用的是 Power PC 750GL（主频 1GHz）；在 ATCA 平台上，华为使用了两颗 Intel 的 CPU，4 核，主频 2.13GHz。

硬件的改变并不是最难的，难的是对底层操作系统的改变。华为在 CPCI 平台上使用的是 VxWorks 嵌入式操作系统；在 ATCA 平台上使用了经过大量优化的嵌入式 Linux 操作系统，或者叫 CGLinux（Carrier-Grade Linux）。

华为这次的硬件架构的变化，其实是受到了 Intel 的影响。为什么华为的 ATCA 平台发展快过了中兴？

网文《中兴老兵回忆录：操作系统的故事》介绍了背后的故事。2002 年初，Intel 向中兴展示了一个颠覆性技术：ATCA 刀片服务器和 CGLinux。传统通信系统架构都是封闭的，每个厂家都有自己的架构，从机框到单板，以及上面的软件都是封闭系统，这种架构的好处就是能保持通信设备厂家的高利润。试图进入电信领域的 Intel 于是推出了开放式的标准电信架构。这个所谓的 ATCA+CGLinux，简单说，就是想把通信技术（CT）进行 IT 化。中兴并没有马上接受这个提议。Intel 于是去找了华为，华为很快就跟 Intel 达成合作意向。

第 26 章

云化——软件和硬件彻底解耦

虚拟化技术是 20 世纪 60 年代由 IBM 发明的。当时大型机是十分昂贵的资源，因此 IBM 对大型计算机进行逻辑分区，从而形成若干独立的虚拟计算机，以充分利用投资。换句话说，就是将一个大计算机虚拟成很多小计算机，可以同时给很多人用。出于商业利益考虑，IBM 并没有大规模对外推广这个技术。

我在东南大学上学时，学校有台 Honeywell 小型机，计算和存储部件都在主机上，带 60 个终端。我们在终端机上做 Basic 语言的编程练习。

所以，一直有一些人说，云计算其实是新瓶装老酒。

VMware 的创始人 Mendel Rosenblum 当时是斯坦福大学计算机系的副教授，他和妻子 Diane Green 于 1998 年共同创办了虚拟化软件公司 VMware，次年，该公司推出了基于 x86 芯片的虚拟化软件。美国 Citrix 公司也进入虚拟化领域，其 Xen 技术于 2006 年成为亚马逊公有云的虚拟化引擎。

2005 年，最后一任窄带数字程控交换机研发总裁曾浩文摇身一变，在华为开始了对云计算虚拟化技术的预研，这个时间甚至早于阿里云。

虚拟化是云计算的核心技术。网络功能虚拟化的英文为 Network Function

Virtualization（NFV），是在 IMS 等软件架构与通用服务器物理硬件之间，插入一个云计算虚拟层，坊间也叫云化 IMS。这样的好处是，IMS 的各个软件模块可以基于云计算提供的虚拟主机构建，而不是直接基于物理主机。利用云计算带来的主机容量和处理能力的动态调配，可以更有效地应用硬件资源。

用一台物理服务器就可以虚拟出多个虚拟主机，支持不同的软件功能模块，这样，一台物理服务器也可以虚拟出一个完整的核心网系统。在专网等容量小的场景，可以把物理服务器价格定得很便宜。

NFV 重新定义了电信网络，实现了开放、智能、敏捷，其本质是网络设备的虚拟化和云化——虚拟化实现软硬件解耦，云化实现硬件资源的共享和系统随业务大小的自动伸缩，从而支撑业务的快速创新和快速上市，带来更智能高效的运维服务和更自由的选择。

华为这样做，其实是革自己的命，这意味着以前能大卖的硬件，现在要面临通用服务器厂家的公开竞争了。

曾经华为有人提过，如果我们和爱立信合作，不推进 NFV，那么我们可以依然保留软硬件捆绑的优势，多卖自己的硬件。但是最终华为决定顺潮流而动，拥抱最新技术，推动世界前进。

早年，华为卖核心网的时候，是硬件和软件一起卖的，不可分割。现在好了，硬件变成了通用服务器，Dell、HP、浪潮、联想一起杀进了市场！

2013 年 3 月，华为和沃达丰一起，完成了全世界第一个云化概念验证（PoC）；2014 年，实现了全世界第一个基于 NFV 架构的商用。

正因为云计算的引入，华为的电软核产品线正式更名为云核心网产品线。

IT 和 CT 融合，成为 ICT

IT 是英文 Information Technology 的简称，即信息科技；CT 是英文 Communication Technology 的简称，即通信科技。随着 IT 和 CT 界限的日益模糊，现在人们统称它们为 ICT。

任正非在 2012 诺亚方舟实验室专家座谈会的讲话中，谈到了对 ICT 领域的理解："历史上多少大公司在成功之后走向衰弱。20 世纪 70 年代日本电子工业很成功，钱多到可以把美国买下来。日本在模拟电子技术上很成功，但在数字转型的时候保守了，让美国超越了。美国在 CT 领域也因为保守而被华为超越，但后来，美国又从 IT 领域重新打回 CT 领域，今天甚至可能颠覆 CT 领域。"

由于 CT 与 IT 相互渗透，华为也进入服务器和云计算等 IT 领域。

一 5G 核心网成为全球关注的热点

核心网因为存储了用户数据以及用户的通话记录，所以与网络安全密切相关。核心网就像是人的大脑，要存储信息。在一些敏感市场，华为失去了一些核心网项目。

无线基站市场则不受什么影响。因为基站好像是人的五官和四肢，并不存储信息。华为在 5G 基站领域里，依然占据了全球市场的最大份额。

核心网分为两个部分：CS 域与 PS 域。CS 域的演进路线是 TDM 电路型、ATM 架构（3G 最初的规范中使用 ATM）、软交换（采用 CPCI）、IMS（采用 ATCA）。PS 域的核心从来都是 IP 架构，就是路由器和数据通信交换机。

5G 有两个体系，即非独立组网（NSA）和独立组网（SA）。

采用 NSA 架构的时候，5G 与 4G 共用同一套核心网。采用 SA 架构的时候，5G 要单独架设一套核心网。绝大部分 5G 运营商为了降低成本，5G 基站也不做连续覆盖，都采用了 NSA 架构。实际上，只有采用 SA 架构的时候，才能采用"切片"技术，实现低时延和高可靠性，但是 5G 基站就需要连续覆盖，投入更大。

2019 年 6 月，上海世界移动大会上，中国移动总经理杨杰宣布中国移动将一步到位采用 SA 架构。中国移动是全球最早大规模采用这个架构的运营商。深圳成了第一个实现这个架构的城市。

第 27 章

华为操作系统演绎

业界一度认为中国的操作系统（OS）不成功，这其实是个误解。

中国在不少操作系统上取得了很大的进步，其中物联网操作系统、嵌入式操作系统、车联网操作系统、服务器操作系统、云计算操作系统等，已经有了不少有成熟应用的"玩家"。

在 PC 的操作系统以及智能手机的操作系统上，国内市场基本实现了自保，这也是一个大的进步。

倪光南院士数十年如一日呼吁与推动国产操作系统的应用，是操作系统与芯片事业的"布道者"。

一 自研 JK 1000，开创操作系统

一部华为核心网的历史，也是一部轰轰烈烈的操作系统历史。正因为在核心网有了丰富的应用经验，所以才诞生了鸿蒙这样的微内核操作系统，并在电视和汽车等专用场景应用。

1992 年，徐文伟作为项目经理，带领团队设计了基于当时最先进的 386CPU 的高可靠性主板，从底层开始一点一点用汇编语言和当时最先进的 C 语言编写操作系统。在设计软件结构时，还参考了南京邮电大学陈锡生教授编写的关于程控交换机体系架构的教科书。

西方做实时操作系统（RTOS）内核的那些小公司也是在 20 世纪 80 年代从几个人的规模起步的，也采用汇编方式，如下面要提到的 VxWorks、pSOS、QNX 等。

— C&C08 继承并发展了 JK 1000

我并没有在华为写过一行代码，但是听到的故事不少。

1998 年与我住同一套房的是测试部的王迎军，他将华为所有的主机软件代码都读了一遍。他说核心是一个基于命令行的类似于 DOS 的操作系统，最可怕的是有一堆全局变量，追踪起来极其痛苦。有一次在和中兴的对决中，他连夜修改内部参数并完成编译，使得同样负荷下华为用的 CPU 的占用率更低。

我的同班同学邹孟睿，1997 年毕业后进入中兴做程控交换机内核的开发，我曾听他嘀咕道："内存管理是程控交换机主机系统中最让人头疼的问题。"

— C&C08 嵌入式实时操作系统

随着容量越来越大，华为引入了西方先进的嵌入式微内核操作系统。C&C08 128 模的主机系统里，SPC 模块用的是 pSOS（一种嵌入式实时操作系统），PPC 和 CPC 模块用的是 VxWorks 系统。拥有 VxWorks 的美国风河公司也收购了 pSOS，最后一起并入了 Intel 公司。诺基亚、爱立信、中兴也都是 VxWorks 的客户，主要用在 x86 架构的 CPU 上。

思科则是基于 QNX 的内核，是 QNX 在汽车领域之外最大的客户。QNX 于 1980 年成立，总部设在渥太华，主营汽车业务。QNX 可以在 x86、ARM 等多种体系的 CPU 上工作。

一 嵌入式 Linux 操作系统

在 ATCA 的硬件架构上，华为对开源的 Linux 进行了大规模的优化，解决 Linux 的时延问题，一点一点地抠，最终成功将时延降到非常低的水平，成功实现了基于 Linux 的实时操作系统。

拥有 VxWorks 的风河公司现在也在推广嵌入式 Linux 内核了。

华为在核心网上成功打造了第一个电信级 Linux 操作系统，后续延伸到了数据通信产品线的通用路由平台（VRP）上。华为的 VRP 是基于美国风河公司的 VxWorks 微内核开发的。

路由器和数据通信交换机的 VRP，也是华为操作系统的一条主线。

1996 年，华为的 C&C08 卖得如火如荼，华为仓中有粮，在北京研究所启动了数据通信的研发。

一 云计算操作系统 Fusion Sphere

华为的云计算发展过程，也就是云操作系统的完善过程，最初基于 Xen（一种开源虚拟化技术）发展，目前也在加入多计算机切换器（KVM）阵营。

一 服务器操作系统 EulerOS

这是企业级服务器 Linux 操作系统平台，可以满足客户从传统 IT 基础设施到云计算服务的各种需求。EulerOS 可以搭载在华为的鲲鹏（ARM 服务器 CPU）体系上。

一 物联网嵌入式操作系统 LiteOS

该系统为超轻量级，已经开源。通信泰斗邬贺铨认为："AIoT 是 IoT 的发展方向，IoT 需要 AI 来提升其价值。5G 是连接 AI 与 IoT 的桥梁，其高带宽、高可靠、低时延、大连接开拓了 AIoT 更广阔的应用领域。"

基于实时操作系统的物联网嵌入式操作系统群雄迭起。

一 鸿蒙操作系统

2012年9月，在华为2012诺亚方舟实验室专家座谈会上，时任终端操作系统（OS）开发部部长李金喜与任正非有如下的对话。

李金喜（终端OS开发部部长）：我来自中央软件院欧拉实验室，负责面向消费者BG（指业务组）构建终端操作系统能力。当前在终端操作系统领域，Android、iOS、Windows Phone 8三足鼎立，形成了各自的生态圈，留给其他终端操作系统的机会窗已经很小，请问公司对终端操作系统有何期望和要求？

任正非：我们现在做终端操作系统是出于战略的考虑……我们做操作系统，和做高端芯片是一样的道理，主要是让别人允许我们用，而不是断了我们的粮食。断了我们粮食的时候，备份系统要能用得上。

2020年9月10日，华为开发者大会举行，正式开源鸿蒙操作系统。

华为消费者BG的软件总裁王成录，之前是核心网研发总裁、2012诺亚方舟实验室中央软件部总裁。他的历史工作经验也从一个侧面反映出鸿蒙与核心网是有密切关系的。

自动驾驶（智能驾驶）有5个级别：辅助驾驶、部分自动、有条件自动、先进自动和全自动。

事实上，只有最后一级（全自动）才是真正的无人驾驶，但是前面几级也通常泛称为无人驾驶。无人驾驶产业很有想象力，与云计算、5G、AI都密切相关。

鸿蒙也可用于汽车。华为智能汽车解决方案BU（指经营单元）在2020中国汽车论坛上公布了华为鸿蒙车载系统：鸿蒙座舱操作系统（HOS）、智能驾驶操作系统（AOS）和智能车控操作系统（VOS）。

第三篇

华为光传输和数据通信的自我超越

1996 年，华为的 C&C08 程控交换机进入了广州和深圳这样的大城市，盈利能力大大提升。

同年，华为进入了光传输、数据通信两个新领域，分别由黄耀旭、刘平负责。

最初这是两条不同的产品线，但现在已经深度融合，不可分离。光传输普遍支持 IP，路由器和交换机则出光口。

从客户角度来看，除了传统的运营商和行业/企业市场之外，云计算/互联网公司成为网络设备的巨大发展推动力，新崛起成为骨干光传输设备以及核心数据通信交换机的大买家。

2006 年，亚马逊推出著名的 EC2 弹性云计算业务，微软的 Azure 云在 2010 年推出，两家公司的总部都在西雅图。2011 年，阿里巴巴推出阿里云业务；2012 年，UCloud 推出云业务；后来有了腾讯云、华为云、金山云、百度云等多个公有云。

亚马逊的朋友告诉我，修建任何一个机房的时候，都要考虑与所有运营商的直连和备份路由，以确保安全。这样即使施工时挖断了一段光纤，也可能在瞬间切换到备份路由，当然，光纤主要还是从运营商那里租赁的。

随着企业越来越依赖云计算，行业/企业采用数据通信设备的总量在下降，但具备行业特性的行业市场依然长期存在。

光传输和数据通信花开两朵，各表一枝，下面先讲光传输。

第 28 章

光传输的意义

没有光传输,就没有我们今天的信息时代。

光纤沿着四通八达的公路/铁路铺设到全国各地。对于"基建狂魔"而言,铺设光纤一点不是问题啊!一度随处可见的"光缆不含铜,偷盗要判刑"警示语,更让我们感受到了光纤的四通八达。光电复合电缆的出现使得工人在铺设电缆的时候顺便也可以夹带光纤,有电的地方就可以有光纤!

现在大家都用智能手机来进行"互联网冲浪",这高度依赖光传输技术。移动通信的基站其实只是解决了最后一段的接入,而从基站到互联网主要是依靠光传输的回传管道来连接,微波和卫星是补充手段。

所以说,光传输的迅猛发展,是移动通信如此普及的基石;反过来说也成立,正是因为移动通信如此受欢迎,光纤建设才有了巨大的动力。

华为的光传输业务,从诞生以来业绩一直持续增长,也一直是明星产品兼现金牛产品。华为很快成为全球最大的光传输设备(不含光纤)厂家。

民族企业群体崛起,有华为、中兴、烽火这样的光传输设备商,有特发、长飞、亨通、中天、烽火、富通等光纤厂家,还有不少光端机公司、模块公司等。

进入 5G 时代，数据量加大，光传输技术将更加发达。5G 基站引入光传输前传（fronthaul）。5G 基站广泛采用了基带处理单元（BBU）和有源天线单元（AAU）分离的架构，两者之间采用基于光纤的前传方式。这个市场的出现，使得不少光模块公司得以走上前台，将产品直接销售给运营商。

至于大家关心的光传输芯片，则是群雄逐鹿，在我国热火朝天地发展了起来。

第 29 章

"光纤之父"高锟

1866 年，英国在美、英两国之间铺设跨大西洋海底电缆取得成功，实现了欧美大陆之间跨大西洋的电报通信。

载波电话机是基于电缆的长途电话传输中的关键设备，传输线路可以是架空明线、对称电缆、同轴电缆、海（底电）缆、电力线等。在模拟通信时代，采用明线和电缆的多路载波电话系统（Multichannel Carrier Telephone System）就利用了模拟调制和频分多路技术：架空明线有 3 路和 12 路载波电话，平衡线对电缆有 12 路和 60 路载波电话，小同轴电缆有 300 路载波电话，中同轴电缆有 1800 路和 10800 路载波电话。1958 年，我国大陆第一部明线 12 路载波电话机（简称载波机）——"八一"载波机面世，1961 年投入使用，成为建设长途电话线路的中坚设备。1963 年，成都—拉萨 3 路载波电话工程建成使用。

通信电缆传输成本高、损耗大、容量小，产业界一直在寻找更先进的传输方式。

英籍华裔科学家高锟 1933 年出生于江苏省金山县（今上海市金山区），开创了光纤通信的时代。

上海电信博物馆收藏的国产 6 路载波机

1960 年，高锟进入美国的国际电话电报（ITT）公司设于英国的欧洲中央研究机构——标准电信实验有限公司，在那里工作了 10 年。

1966 年，高锟通过研究波导的结构和介质的损耗性质，发现了玻璃纤维的损耗是由于玻璃中的金属杂质引起的，高纯度的玻璃介质能实现光通信；最后还计算出当玻璃介质的损耗低于 20 分贝 / 千米时，便可实现光通信。

高锟发表了论文《光频率介质纤维表面波导》，为光导纤维（简称光纤）应用在通信上提供了理论依据。通俗地解释这篇论文的观点就是，一旦解决好玻璃纯度和成分等问题，采用生活中常见的玻璃就能制作光纤，进而高效地传输信息。

这样的想法自然充满了天马行空的意味。要做出损耗低于 20 分贝 / 千米的玻璃纤维并不是一件容易的事，要知道当时世界上最好的光学玻璃是德国 Ziss 照相机镜头，其损耗是 700 分贝 / 千米，而常规玻璃的损耗是它的 100 倍以上。因此，当时贝尔实验室的权威专家都断定光纤通信没有前途。

不过高锟并没有因此灰心，为了找到那种"没有杂质的玻璃"，高锟跑了很多地方，去了许多玻璃工厂。

图灵奖得主姚期智说："高锟的创新是平常人想不到的，当年通信最快的媒介都是金属线，高锟惊人的想象力在很多人看来匪夷所思。"

高锟的执着打动了当时世界最大的玻璃公司 Corning，看完高锟的研究报告后，该公司斥资 3000 万美元，在 1970 年首次研制成功损耗为 20 分贝/千米的光纤。

看到了光纤通信的可行性后，贝尔实验室的研究员开始相信高锟的研究，在 1970 年也开始研究光纤通信。1974 年，贝尔实验室发明了制造低损耗光纤的方法，称作改进的化学气相沉积法（MCVD），光纤损耗下降到 1 分贝/千米。

同时，1970 年，美国贝尔实验室、日本电气公司 NEC 和苏联先后研制成功室温下连续工作的双异质结半导体激光器。这两种技术的结合促进了光纤通信的诞生，促使通信技术从实验室研究跃入光纤通信实用化。因此，1970 年被称为光纤通信的"元年"。

1976 年，贝尔实验室在亚特兰大成功地进行了速率为 45Mbit/s（兆比特/秒）的光纤通信系统试验，揭开了全球光纤通信的序幕。

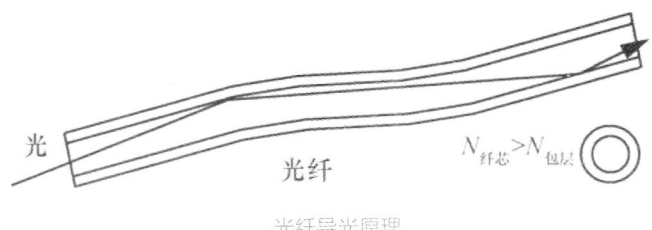

光纤导光原理

2009 年 12 月，高锟接受采访时表示，目前没有其他物质可以代替光纤。

贝尔实验室属于美国电话电报（AT&T）公司。继承贝尔实验室衣钵的朗讯因而成为先行者，其光传输设备业务一度是全球最大的。

北电、阿尔卡特、西门子、马可尼、富士通、NEC 等企业也纷纷开展了光传输业务，此外还有不少小企业，如以色列的 ECI。

1996 年，高锟先生当选为中国科学院外籍院士，也是在那一年，我国紫金山天文台将一颗国际编号为 3463 的小行星，命名为"高锟星"。2009 年，高锟获得诺贝尔物理学奖。

高锟先生不仅是科学家，也是教育家，他筹建了香港中文大学电子系，并曾担任香港中文大学校长。

第 30 章

中国光传输事业的起步

1972 年年底，武汉邮电科学研究院的研究员赵梓森听说美国在研究光纤通信——利用玻璃丝进行通信——也提出了要发展光纤通信的科研项目。

当时美国的光纤通信尚未投入商业应用，中国又正处在非常时刻，反对的就是"学术挂帅"。有领导在大会上说："玻璃丝怎么能通信！赵梓森你不要胡搞，要花几千万，你负得了责吗？"

不过，时任邮电部科技司副司长周华生和时任武汉邮电科学研究院科技处处长惠哨岗表示支持，说"可以试试"。中国从此跌跌撞撞地开始了光纤通信的研究。

1976 年，美国贝尔实验室在华盛顿到亚特兰大之间开通了世界上第一条实用的光纤通信线路，速率为 45Mbit/s，也就是一秒可以传输 45000000 个"0"或者"1"。

大家有所不知的是，1976 年，武汉邮电科学研究院也开通了光纤通信实验线路，并进行了通话实验。

1979 年，武汉邮电科学研究院副总工程师赵梓森及其研究团队拉出中国第一根损耗只有 4dB/km 的实用化光纤，拉开了中国光纤通信事业的序幕。

1980年，光纤通信发明人——高锟访问武汉邮电科学研究院。看到武汉邮电科学研究院的光纤通信技术，高锟说了一个英文单词："surprise（惊讶）。"

1977年，在武汉邮电科学研究院的赵梓森（左二）与同事讨论石英玻璃熔炼

武汉邮电科学研究院在准同步数字体系（PDH）光传输方面积累颇深。烽火通信、长飞光纤、做器件的光讯科技，都是武汉邮电科学研究院下的"蛋"。

武汉东湖新技术产业开发区简称"东湖高新区"，别称"中国·光谷"。

花开两朵，各表一枝。第一个做出同步数字体系（SDH）的是另外一股力量。

1985年，美国国家标准学会（ANSI）通过了一系列有关同步光纤网（SONET）的标准。SONET是美国主导的标准，仅在美国和日本等少数国家使用。

1989年，国际电报电话咨询委员会（CCITT）参考SONET概念制定了SDH标准，使之成为不仅适用于光纤，也适用于微波和卫星传输的通用技术体制，且与SONET有差别。这是欧洲主导的标准。

SDH 是对 PDH 的一次革命，尽管高度依赖于时钟同步系统，但 SDH 的优势是传输速率更快了。

毕业于武汉邮电学院的邬贺铨于 1975 年在原邮电部第九研究所（现重庆邮电大学一部）工作时，就开始了光纤通信的研究。1991 年，邬贺铨在位于成都的原邮电部第五研究所担任数字通信研究室主任，他的团队终于如期研制出了 SDH 155/622Mbit/s 设备样机。中国在同步数字通信上与世界先进国家同步实现了 SDH，邬贺铨因此获得国家科学技术进步二等奖。邬贺铨一直在为中国通信的发展而"布道"。

20 世纪 90 年代，邬贺铨在电信研究院做 SDH 设备测试

1995 年 12 月 7 日，武汉邮电科学研究院 2.5Gbit/s（吉比特 / 秒）的 SDH 高速光纤通信系统设备的整机联试一举成功，经过连续 48 小时的稳定性测试，无一误码发生。

邬贺铨选择欧洲标准，为中国光传输产业指明了方向。

中国实际上是 SDH 光传输大规模商用全球首发之地，这使得 SDH 标准最终在除美国、日本之外的国家和地区通用。

无独有偶，在移动通信领域，欧洲的 GSM/UMTS 标准也成为全球主流，北美的 CDMA 标准没落了。

2019 年，光传输鼻祖烽火通信与同是"国家队"的大唐合并成中国信息通信科技集团，我们戏称为"大火""火大""蜂糖"公司。

第 31 章

华为光传输的起步：SDH

1994 年，C&C08 的万门机设计中采用了光模块，实现了管理模块（AM）/ 通信模块（CM）与各个基本模块（BM）之间的内部宽带通信。

一根光纤的传输速率能达到几十兆比特每秒，距离也短。现在看来，这就是初级的光传输技术，相比业界现在的技术水平，只有其十万分之一的速率。

但在当时，只有朗讯采用了这么高级的设计，BM 之间的通信不用直接连线，而是通过 AM 转接。其他一些厂家还是用传统的总线方式，因此不得不在各个 BM 之间连接数据总线，内部拓扑更加复杂。

1995 年，伴随着互联网和信息高速公路的发展，中国已经开始大建光缆了。

1995 年，中国开始建设中国教育科研网（CERNET），中山大学是最早的节点之一，教我们网络协议的余顺争教授是校园网的负责人。

中山大学校园网采用了当时成熟的光纤分布式数据接口（Fiber Distributed Data Interface，FDDI）协议，后来才转成全 IP 的网络。那时学校里到处挖沟铺设光缆连接到各个教学楼。

1996 年，华为开始研发自己的光传输设备，最初研发的是 PDH，但和国内外的对手相比没有竞争力，几乎卖不出去。

当时国内普遍使用的是 PDH，更为先进的 SDH 用得很少，SDH 在全世界也不怎么成熟。到底是放弃光传输，还是面向未来继续投入研发 SDH？华为最终冒险选择了继续研发 SDH 技术。

老办法，第一件事就是"挖人"。

国内第一个做出 SDH 的邬贺铨团队的小年轻石宏强加盟了华为，定义产品规格。

武汉邮电科学研究院的产业化能力很强，华为和中兴都去挖了很多人，后来担任中兴副总裁的方榕就是这样被挖到深圳的。

1997 年年初，华为成功开发出了 SDH 155/622Mbit/s 的商用设备。中兴在 1996 年启动了 SDH 设备的开发，1997 年推出产品。两家公司进度差不多。

华为光传输产品最早的品牌是 SBS，全称是 SDH Backbone System（SDH 骨干网），被人们笑称为"傻不傻"，后来就改成了 OptiX。

1997 年 10 月，我来华为面试。用服大厦的大厅里摆着一堆《华为人》报，其中有篇文章《优秀的年轻人到用服去！》中写道："到用服干两年，未来可以当优秀的研发专家、市场专家。"

徐直军是面试官，他问了我一个问题："你是逻辑思维，还是形象思维？"我斩钉截铁地说："逻辑思维！"他把桌子一敲："那好，通过！"

后来，有一起入职的同事说，他问的都是同样一个问题，即使回答形象思维，也一样能被录取。华为当时销售大发展，急需人力做交付。

我的第一站是去西乡西城工业区的生产基地装配 SBS 155/622Mbit/s 的传输设备，当年那里很偏僻，现在却已经是前海概念。我那天去晚了，在外面路口吃了个快餐，仅花了 2 元钱。装配作业岛长姓黄，称自己的作业岛是"桃花岛"。

设备的功能很简单。我记得特别清楚的是，我们卖给客户一部"8"字组网，却只能以两个"O"形组网去交付，在中间节点要先将一个环解复用，然后再复用到另外一个环上，专业术语是，用两个终端模块（TM）去实现一个分叉复用模块（ADM）。

那时的设备也不怎么稳定。有一次，时钟一直不能同步，制造部的负责人严捷让中试的陈阜东来解决，下了死命令："必须要搞定，搞不定不能走！"

重庆邮电大学的毕业生张黎周末去了广州书城，拖了一小车韦乐平的《光同步数字传送网》回来，这本书由人民邮电出版社出版，封面是硬壳的，这是光传输的"圣经"，我们人手一本。

有一个姜姓同事是武汉邮电科学研究院科班出身。他讲了个故事，说武汉邮电科学研究院曾买了台挺贵的进口设备，如临大敌一般，保卫处从海关开始，一路护送卡车来武汉，晚上休息时还要持枪放哨。我听说东南大学 1980 年买霍尼韦尔小型机的时候，也是一个套路。

华为生产总部也缺人，我就留在这里干了一年，没有像其他同事一样去一线装机。

传输实在太简单了，维护终端上只有一张表格。我想学难点的，因此转到了终检（FQC），负责接入网检验。当时的接入网采用了数字程控与光传输技术，现在的接入网则只有光传输，已经合并进华为的"传送网"体系。

午休的时候，我就躺在一排排高高的机柜中间。FQC 主管是身高近两米的"黑金刚"于东海，他感叹道："远远近近的小灯闪烁，就像是星空，人类真的好伟大。"

SDH 155/622Mbit/s 产品的生命力非常顽强，大卖了多年，盒子也越做越小，成本越来越低，甚至北电和朗讯还一度代工过华为性价比很高的小光传输盒子。

华为 GSM 在国内做了几年的边际网覆盖，内嵌的光传输单元也是这个盒子。

第 32 章

从 2.5Gbit/s 到 10Gbit/s

过中梁负责 2.5Gbit/s 设备的开发，该设备于 1997 年 11 月推出，华为在 2.5Gbit/s 上真正取得了骨干网的突破。

深圳第一届中国国际高新技术成果交流会（简称高交会）是 1999 年举行的，当时朱镕基总理亲临揭幕。如日中天的朗讯摆了高等级的设备，华为研发人员赶过去，无比敬仰地摸了摸那黑漆漆的机柜。朗讯是光传输的鼻祖之一，是当年 2.5Gbit/s 技术的最大玩家。

据说，某中国客户应邀去参观朗讯的全球总部，那里有非常绚烂的指挥大厅。中国客户发现在这里可以看到和控制全球任何一个地区的光传输设备，当场心就一紧。中国那时的光网络其实是"裸奔"的。

也是在 1999 年，中国驻南斯拉夫大使馆遭受了攻击。摩托罗拉与中国关系历来很好，没有受到什么影响。朗讯受到的影响挺大，丢失了中国的一些市场。

当时我在陕西和山西推广 GSM，两个地方都费尽心力却无功而返。2.5Gbit/s 光传输却都进入了省骨干网络。我之前曾工作过的江苏，主设备数年都无法进入电信网络，只能卖新业务和电源，但也因此而解禁，光传输率先在苏北获得突破。

2000 年的时候，我去了敦煌，正好遇上荒漠中少有的大雨，光缆断了，与外界的通信中断，信用卡也用不上了。当年只有一条光纤通道，现在则有备份路由了。

2000 年，我在从敦煌到格尔木的公路上旅行，经过白茫茫的盐湖，不时看到大牌子：光缆不含铜，偷盗要坐牢！

2000 年从外企富士通"空降"到华为光网络的蔡文杰，最佩服的是华为 2.5Gbit/s 光传输设备可以直接传输 2Mbit/s 的 E1 信号，颠覆了朗讯、阿尔卡特、北电、西门子、富士通、马可尼、ECI 等巨头的 2.5Gbit/s 技术只能直接传输 155/622Mbit/s（STM-1/4 接口）的传统做法。当时它被称为"神器"，攻无不克，战无不胜。客户表示其非常惊艳。这个灵活的调度能力和华为自己研发了强大的交叉芯片有关，稍后再讲。

基于单个波长 2.5Gbit/s 的技术，华为后来又做了波分复用（DWDM），在一根光纤上可以传输 16 个不同波长的光信号，等于将容量扩大了 16 倍，后来又发展到了 32 波甚至更多。

高戟负责单波长 10Gbit/s SDH 设备的开发，该设备，并于 2000 年在广州第一次商用成功。

10Gbit/s 产品开发场景（来源：心声社区）

他是我在东南大学的同级同学，而且住同一层楼。

总结一下，在单波长 10Gbit/s 技术之前，华为都是跟随者，艰难地打入中国市场。

曾经有一段时间，由于光传输是国内优先引进的先进技术，进口西方设备是免关税的，国内企业进口西方的零部件却要交关税，这形成了不利于国内企业的局面。经过再三呼吁，国家改变了这个做法。

全球光传输技术发展很快，国外的光器件成为紧缺产品，据说有段时间，国外器件公司人员来访华为时，任正非会亲自出来接待。

第 33 章

光传输撬开海外市场大门

1997 年，梁国世在俄罗斯布良斯克签订的华为第一个海外商业合同，就是光传输项目。这个项目的金额是数万美元，并不是坊间传说的所谓 36 美元。

1998 年，来自哈里斯微波的彭中阳和我一起在西乡生产总部实习。我们比赛绑线束，我还快了一点。他将线束一扔，仰天长啸："我不干装配了，我要下一线！"一副"燕雀安知鸿鹄之志"的神情。后来他果真去了俄罗斯布良斯克守局。

2000 年，IT 泡沫破灭之后的 11 月，我负责了乌兹别克斯坦首都地区 GSM 项目的技术谈判，在基站里面还夹带了一些 SDH 设备和光缆。

2001 年 1 月，我去印度工作，当地代表是刘崎。这一年，我在印度市场获得了期待已久的突破，拿下了印度最大的国有运营商 BSNL（相当于中国电信）2.5Gbit/s 光传输全国骨干网络的项目。

同时期，我负责的印度 GSM 入网测试却搞得"死去活来"。核心交换网要进入大国，要和各种制式、信令兼容，无比复杂。

为什么光传输反而容易进入大国？曾担任光传输研发和国际行销的工程师杨维周说，主要是因为光传输应用的是一个非常标准的管道，两头都是标准的业务接口

（STM 155/622 接口、标准 E1 接口等）。

华为的传输业务顺利开展，印度客户非常满意。BSNL 意犹未尽，为了获得更好的价格，又引入了华为的老对手中兴。《中兴通信》一书中指出，2002 年 7 月，中兴正式获得了印度国有运营商 BSNL 的国家传输骨干网项目。

2002 年，华为的法国第一单是新运营商 NEUF 的光传输项目，Super WDM 产品赢得了法国商用合同，这是华为公司第一次突破欧洲市场，这个项目是由阿尔斯通介绍进入的。之前，阿尔斯通带华为进入了捷克的专网传输市场，建立了口碑。

左一为凌利钢、左二为梁国世

在德国，华为的光传输设备也卖给了一个新运营商，并用在了柏林市区。任正非向国内客户"吹嘘"华为挺入了柏林。客户问，那个运营商排第几啊？任正非灵机一动，回答说："我听说不是第一大。"后来我问代表夏小虎，了解到这是一个市政公司（水、电），自己有地下管道，就拉了光纤出租带宽。不过，华为这样一个从发展中国家出发的设备商，突破了德国市场，很不容易。

德国电信以及旗下的 T-Mobile 在电信界的影响很大。欧洲最大运营商沃达丰的集团技术部在杜塞尔多夫，华为在西欧的总部最初在法国巴黎，后来就搬到了德国的杜塞尔多夫。

英国电信（BT）名为"21世纪网络"（21CN）的计划是"世界上最具革命意义的下一代网络改革方案"，引来了无数电信设备厂商的竞争。最后，华为成为8家优选供应商之一，入选接入网和光传输两个领域。

华为在光传输方面受益最大，接入网的核心其实也是光传输。英国本土市场并不大，采购有限，但是英联邦国家普遍认可BT的选型结果，华为因此进入了不少国家。

不过，光传输整个市场的体量不大，发展中国家因为基础设施薄弱，光纤难以铺设，华为真正在海外做大，还是靠的移动通信。

第 34 章

技术突破，传输距离越来越远

光传输的发展中，有一个关键的长传输距离的技术跨越。

任正非说道："我们有一款全球领先而且份额占据第一的产品，在功能、性能上超越竞争对手的一个关键技术，是我们通过购买某外国公司的技术而获得的。我们寻找并选择了一家在超长光传输技术和产品解决方案研究上非常领先的厂家，该公司累计投入已经超过 7000 万美元，其技术主要应用在骨干长途光传输系统中，网络地位非常重要，经分析我们认为其产品和技术具有很高的市场价值，最后决定购买该技术。经过技术转移和二次开发，以及必要的法律手续，在短短的 9 个月时间内我们完成了集成开发，成功推出应用了新关键技术的产品，实现了大容量、长距离（4600 千米）无电中继的光传输。"

上面提到的事件，是 2002 年年初华为完成的对光通信厂商 OptiMight 的收购。这家公司是做掺铒光纤放大器的，当时已经破产了，华为因而以 400 万美元的低价收购了其资产。

2003 年，华为推出传输距离大大加长的技术方案，并得到快速发展。华为从最初的名不见经传的长途传输厂家，到 2005 年已经快速成长为全球在长途传输市场排名第一的厂家，并保持稳固的地位。

但这样的成就也引起了美国的警觉，后来美国对华为收购先进技术设置了阻碍，"3leaf"事件也因此发生了。

第 35 章

光传输芯片的开发，大大提升了产品竞争力

潘剑侠开创了华为光传输的芯片事业，大大降低了设备成本，提高了业务调度的灵活性，比如 2.5Gbit/s 技术直接上下 2Mbit/s 的 E1 接口。

何庭波从光传输芯片的开发做起，一直做到了海思的负责人。

我的同级同学高戟，在《厚积薄发》一书中写了一篇名为《和光速赛跑》的文章，讲了光传输芯片开发的故事。

"外购芯片价格昂贵，成本压力巨大，不利于我们在性价比上的竞争。从第一代传送产品开始，我们就走上了核心芯片自研之路。当时何庭波负责开发芯片，而我负责开发产品，由于产品和芯片都用到同一套仪表，经常出现我和她争夺设备的情况。为显示绅士风度，我每次都会让着她，但这不是长久之计，于是我们有一个'君子协定'：白天她调试，晚上我调试……

"功夫不负有心人。第一代核心芯片成功交付，而后续一系列芯片相继成功推出，累计销售超过千万片，使得传送网'同步数字传输'（SDH）产品在成本和竞争力方面持续领先。"

2005 年开始，华为发现高速的光电集成技术是一个好的方向，但受限于成

品率，成本高昂。白聿生博士意识到光电集成技术是一种颠覆性的创新，对未来光器件的发展具有重大意义。白博士带领波分团队自主研发更高效的光电集成技术，使芯片的成品率能得到商用保证，并后续在 10Gbit/s 和 40Gbit/s 产品上成功应用。

第 36 章

移动时代，引领全球光传输的发展

北电是最早投入做 40Gbit/s 设备的厂家，可惜因为市场没有明确需求和技术不是很成熟，设备迟迟未能大规模商用。这对北电是一个大的打击。所谓"领先一步成英烈，领先半步是英雄"。

2008 年以后，困扰 40Gbit/s 设备的传输距离、色散补偿、复杂业务承载等技术问题纷纷获得解决。更重要的是，乔布斯定义的 App 模式终于使得饱经蹂躏的 3G 找到了盈利方向，用户为流量买单了。因此，40Gbit/s 设备开始商用。中国电信是国内第一个吃螃蟹的，使用了华为的 40Gbit/s 设备。

《敢立潮头见真章——记公司首批 FELLOW 之一白耒生博士》一文中对 40Gbit/s 弯道超车的过程有过略述。

早在 2001 年，友商已开始研发 40Gbit/s 技术，到 2008 年，相干系统已经非常先进。白耒生博士却做出了另一个大胆的判断，他认为当时相干技术在 40Gbit/s 技术上的使用还存在很多问题，在性能上相干技术比模拟技术强，但是从"商人"角度出发，无论是从成本、发展趋势还是产品链的成熟度来看，选择模拟技术都有着更好的成本优势和利润空间，因此他选择了 40Gbit/s eDQPSK 技术。该技术一炮而响，而作为市场上唯一使用该技术的公司，华为的市场占有率迅速上升到 44%，一举占据了除美国外的所有市场，实现了真正意义上的弯道超车。

在此期间，友商出现了几个意料之外的状况：2006 年，阿尔卡特和朗讯合并；2009 年，北电破产，光传输设备卖给了 Ciena。这些外部因素，都促进了华为市场份额的提升。

2010 年，全球 4G 启动，正是带宽的急剧加大，使得人们"海内存知己，天涯若比邻"。即使相隔半个地球，人们彼此用微信聊聊天也轻而易举，就像在身边一样。

随即 100Gbit/s 技术纳入了业界的关注范围。

2011 年 6 月 20 日，华为、荷兰 KPN 双方联合在 IIR 论坛上宣布了华为 100Gbit/s 设备的成功，180 多个客户现场观看了 100Gbit/s 设备的业务演示，并远程观看了 KPN 现网 100Gbit/s 设备的运行情况。截至 2011 年 11 月，华为先后被荷兰、法国、丹麦、俄罗斯、白俄罗斯等国的运营商选为合作伙伴，建设 100Gbit/s 商用波分网络。

也正是在 2011 年，华为光传输设备的市场份额终于成为世界第一。这个节奏与华为移动基站份额居世界第一的节奏是基本同步的。

2018 年 9 月，在第五届全球超宽带高峰论坛（UBBF 2018）期间，华为正式发布了单波长 600Gbit/s 超高速光网络解决方案，基于华为最新一代的 OptiXtreme 系列 oDSP 芯片，能够支持单波 100～600Gbit/s 速率可调，频谱效率达到了业界最高水平的 8（bit/s）/Hz，比当前最高的单波 400Gbit/s 提升了 50%，单纤容量达到 40Tbit/s，为业界最高容量。该方案将帮助运营商持续推动光纤价值最大化，提升网络运营效率，大幅降低网络总拥有成本。

在 2018 年举办的光网络创新论坛（Optical Network Innovation Forum）上，华为完成了业界首次单波 600Gbit/s 超高速传输产品的现场演示。

20 世纪末北电凭借其单波长 10Gbit/s 技术，大幅度超越朗讯成为世界第一。20 多年过去后，单波长的速率已经提升了 60 倍。某种意义上，光传输的速率提升也在追赶摩尔定律：集成电路上可容纳的晶体管数目，约每隔两年便会增加一倍。

2019 年 7 月 23 日，华为总裁任正非接受英国 BBC 采访时表示："现在我们（华为）能做 800Gbit/s 光芯片，全世界都做不到，美国还很遥远！"

这里提到的 800Gbit/s（单波长）是华为 H7 芯片。

为了更好地承载 3G/4G 基站的业务，在传统的光传输基础之上，中国移动推动了分组传送网（PTN）技术，在时钟同步、运维、多业务承载上做了增强。中国移动的一个技术方向是向切片分组网（SPN）演进。

基于同样的目的，无线接入网 IP 化（IPRAN）技术诞生，它是从数据通信角度发展出来的。

面向 5G 的超宽带通信光传送网络（OTN）也应运而生。

2019 年 7 月，华为联合中国电信正式发布 OTN，通达 21 个国际城市，覆盖 1900 多个业务节点，为全球最大规模。基于该网络，中国电信推出了具备超快开通、超低时延、超高可靠性、带宽随选等特性的产品。

5G 到来后，人类进入超宽带传输时代，对光传输的需求就更大了。

第 37 章

华为进入光芯片制造领域

华为海思的芯片历来是纯粹 Fabless Design 模式,也就是只做芯片设计,委托专业的芯片制造企业(如台积电、中芯国际等)进行生产。

2007 年,英国的马可尼破产,拍卖光传输、程控交换机等固网资产,华为参与了竞标,却不敌爱立信。不过爱立信并没有将这块资产盘活,以在英国大幅裁员告终。英国政府痛定思痛,拉着华为在英国大力投入电信研发工作,其中一个重点就是光芯片的开发。

早在 2012 年,华为就从东英格兰经济发展署(EEDA)手中收购了英国集成光电器件公司(CIP),后者是一家全球领先的光电子研究实验室。2013 年,华为又收购了比利时主要从事数据通信和电信硅光子技术光模块研发的 Caliopa,该公司的光模块具有体积小以及功耗低的特点。

华为在剑桥购买了 500 英亩(约 2 平方千米)的土地建设光芯片工厂;还在武汉光谷建立了海思光工厂,生产光芯片,首期投资 18 亿元人民币。

2019 年,集微网的一篇报道《华为自建芯片厂可能不是你想的那样》中指出:在华为的 5G 战略中,光通信占有非常重要的地位,华为一定不想在这一环被束缚了手脚。因此,不管是在英国,还是在武汉,华为建厂都释放了一个强烈的信号:自力更生。

第 38 章

北电光传输的没落

2019 年，任正非先生与索尼公司的吉田社长进行了会晤，其中有这么一段对话。

吉田：IT 泡沫肯定对华为也是一场危机，但正是在 IT 泡沫之后，华为与其他西方公司拉开了差距。您是否认可我这个看法？

任正非：我认为，IT 泡沫对我们是危机，当然对西方也是危机。那时我们下定决心退到最低位置上前进，有个战略叫"鸡肋战略"，鸡肋骨是最没肉的。当时，北电在光的问题上犯了最大错误，由于过剩，光传输设备非常便宜，以至许多公司放弃了。相对来说，低端的光传输技术就比较简单一些，我们就集中力量到这儿来找机会。我们已经到了最低点，退无可退，在别人不做的领域，我们选择抓住"鸡肋"，努力发展。这个产品，那时我们在世界排名应该是几十位，随着低端的光传输一点点成功，一点点往上走，今天我们在光通信领域才能领先。

北电花了巨大的力量研发单波长 10Gbit/s 技术以及基于 10Gbit/s 的密集波分复用（DWDM）技术，并在全球大力推广，极力拉动 10Gbit/s 产业链的发展，包括设备和光纤，并在 1997 年率先商用。朗讯沉迷于 2.5Gbit/s 的王者地位，跟进慢了。

北电的光传输因此快速超过了朗讯。2000 年的时候，北电在光传输设备市场的占有率为 43%，几乎是朗讯的 3 倍，销售超过 100 亿美元。也是在这一年，北电成为全球最大的通信设备商，年收入为 303 亿美元；在无线产品市场仅次于爱立信，市场份额第二；北电当时的市值最高达到 2670 亿美元，据说达到了加拿大股市总市值的 1/3。

IT 泡沫化的时候，企业找人做研发也是疯狂的。猎头在机场等着，遇到来的华人就问："是来留学的吗？"如果是，立马就游说去直接上班，不管你是学生物的还是学化学的。

IT 泡沫期间，北电大力投入 40Gbit/s 光网络的开发，不过这次却失算了。

2000 年 3 月 10 日，纳斯达克达到 5048 点；2002 年 10 月 9 日，掉到了最低点 1114 点。期间很多企业直接"暴雷"了。

泡沫时代，修了太多光纤，但光纤中根本就没有足够多的内容在跑。泡沫破灭后，很多建设项目都停了。

北电和朗讯都遭受了重创。为了做大收入，朗讯为资信不够的客户提供了很多的信贷支持；北电则是研发投入过多。

光纤在线创始人刘铮回顾了 2000 年的光通信产业泡沫产生的背景。当年行业发展很快，毛利率很高。华尔街因此预期过高，而对未来下滑的预期不足。

几年之后，光传输迎来了又一个春天。

YouTube 是一个视频网站，注册于 2005 年 2 月 15 日，由美籍华人陈士骏等人创立，是一个用户可下载、观看及分享影片或短片的网站。

YouTube 等视频网站极大地消耗了光传输冗余的带宽，光传输从此进入了 10Gbit/s 的昌盛时代。

瘦死的骆驼比马大，光传输并未给北电带来致命的打击，真正拖垮北电的是移动通信战略的失误。

北电在 3GPP2 的 CDMA 路线和 Intel 推动的 WiMAX 路线上下注过大，而最终却是 3GPP 的 GSM、3G（UMTS）、4G（LTE）路线成为绝对的主流。中兴之所以落后于华为，关键也是在 CDMA 上投入过大，忽视了 GSM 路线。

战略上一错再错，最终导致了北电的破产。2009 年，我在郭平负责的企业发展部里，参与了对其资产的竞购。那段时间，我们突击学习了西方的破产法。

北电的光传输是其非常优质的核心资产，是一块肥肉，华为很有兴趣购买，但最终被北美洲的光传输新生力量 Ciena 买走。

2009 年 10 月 7 日，Ciena 以 5.2 亿美元的价格与北电达成光网络业务协议，其中 3.9 亿美元为现金，1.3 亿美元为 Ciena 的股票。

Ciena 是一家美国公司，因为上述收购事件，所以在渥太华的高科技区 Kanata 的 Innovation 路上有几栋楼，我不止一次看到那里很晚还亮着灯光。

正因为北电 20 世纪在研发上的疯狂投入，渥太华现在是全球光电子的研究重地，也是 5G 的研究重地。值得一提的是，1979 年创立的位于硅谷圣何塞的 Uniphase 与 1982 年渥太华北电的 3 位工程师在车库中创立的 JDS Optics，于 1999 年合并成为 JDSU。多次并购之后，这家公司成为全球最大的光器件公司。2015 年 8 月，JDSU 被拆分为两家独立的上市公司，分别为 Lumentum（继承商业光学产品业务）和 Viavi Solutions（继承 JDSU 通信业务）。

以前北电为员工承诺的退休金都随着北电的破产而归零了。

第 39 章

海缆业务成功出售

1958 年,美国邮政署发行了第一次越大西洋通话 100 周年纪念邮票

1858 年,美国实业家塞勒斯·韦斯特·菲尔德在欧洲与美国之间成功铺设了跨越大西洋的海底电缆,时任美国总统布坎南与英国女王维多利亚通过这条电缆,完成了越过大洋的第一次通话。

1988 年,在美国与英国、法国之间敷设了越洋的海底光缆(TAT-8)系统,全长 6700 千米。这条光缆含有 3 对光纤，每对的传输速率为 280Mbit/s，中继站距离为 67 千米。这是第一条跨越大西洋的通信海底光缆（简称海缆），标志着海缆时代的到来。

2008 年前的全球海缆行业是一个高度封闭和垄断的市场，国内相关产业链空白，过去几十年间包括连接到中国在内的全球所有海缆系统基本上都是由 3 家海缆承包商拥有，即美国的泰科（TESubCom）、法国的阿尔卡特朗讯（ASN）、日本的日本电气（NEC）。

阿尔卡特是上市公司，从其财报上可以看到，海缆的利润一直相当丰厚。华为因此也心痒痒，想进去看看。不过，海缆的技术和工程门槛非常高。

机缘巧合，华为遇上了英国的海缆工程公司 Global Marine，还有好几条船。双方一拍即合，设立合资公司，华为占股 51%，Global Marine 占股 49%。

2007 年 12 月 11 日双方签署了合资协议，运营总部设于中国天津，并在北京、深圳与英国设有研发和生产基地。董事和高管由双方共同担任，董事长是华为首席战略官郭平，CEO 是 Global Marine 的董事伊恩·道格拉斯（Ian Douglas）。

2008 年，企业发展部汤小颖、史文军几位执行部的同事担负了很多筹建工作。本人有幸在最初的创建中，也在团队里待了一个多星期，见证了海缆公司的诞生。

2008 年 12 月 18 日，华为海洋网络有限公司（以下简称"华为海洋"）开业庆典在天津滨海新区举行。

对于华为海洋而言，岸上的设备很容易搞定，因为华为的光传输设备很强，而且当时华为已成功交付了 CAT、Hibernia、Med Nautilus 和 Level 3 等海缆系统扩容的设备侧项目。

得悉华为要做海缆，业界惊呼："狼来了！"阿尔卡特和泰科一股脑地和客户签了不少覆盖多年的框架合同。

海缆需要对外采购，工程是合资方 Global Marine 的强项。

技术难关是放在深海底下的中继器。合资方之前试着做过一个海底下用的中继器试样。不过，企发部胡力耘说这个设备放到脸盆里都会漏水，只能推倒重来。

华为海洋最早的海缆业务都是浅海海缆，不需要海底中继；随着海底中继器技术的逐渐成熟，才开始逐渐进入了深海海缆业务领域。

华为海洋苦熬多年，终于成了海缆领域的主流玩家之一。到 2016 年底，华为海洋发展不到 10 年时间，已经赢取了 40000 千米的海缆工程合约，足可围绕整个地球。

华为海洋出售给了亨通光电

2019 年，华为海洋有意出售，华为主要是做设备和工程，并不做光缆本身。

亨通和中天两家光缆公司都参加了竞购。早在 1999 年，中天是国内第一个进入浅海海缆行业的公司。2013 年，亨通进入海缆领域。两者的业务都与华为海洋高度互补。

2019 年 10 月 29 日，亨通与华为签订了《发行股份及支付现金购买资产协议》，亨通 100% 控股了华为海洋。

第 40 章

IP 微波业务弯道超车

在不发达国家和地区，早年的光传输反而发展得不好，因为基础设施太差，需求也不够，光传输无法大量应用；微波传输不用挖管铺线，有时更加便利。

我在 2000 年底负责乌兹别克斯坦 GSM 项目的时候，就搭售了不少爱立信珠海厂的微波设备。2001 年在柬埔寨工作时，在金边市内的传输介质用的主要也是微波，外围地区（如吴哥窟）还用卫星。2004 年的时候，华为采购了西门子的微波，在柬埔寨销售，西门子的 Ronato Lombardi 先生参与了这个项目，数年后他加入了华为微波开发部门。柬埔寨直到 2006 年左右，才开始铺设骨干光纤网连接主要城市，如金边到暹粒（吴哥窟）。

华为要不要做微波呢？在国内市场，光传输越来越普及，微波的用量越来越少，显然对华为没有意义。

我在华为海外移动产品拓展经理中间进行了调研，将自己了解到的信息详细地进行了汇报，微波在海外还是很有价值的。

最终，华为传送网产品线决定做微波，丁耘带头来张罗这个事情。

传统的微波都是基于电路型（TDM）的 PDH 或者 SDH 微波，华为决定创新地从 IP 微波入手，并于 2008 年推出了第一款产品。

大概是 2009 年，我参加了丁耘组织的一次微波主题会议。他认为从 IP 入手，而不是继续走传统的电路路线，是微波成功的关键原因。这就好比华为当年决定放弃 PDH，而从 SDH 进入光传输一样。

微波的基带处理部分也是在国内研究的。射频部分属于室外单元（ODU）。ODU 最早是代工，后来在意大利的米兰启动自研。

米兰是世界上微波领域的研究重地，西门子、爱立信、阿尔卡特朗讯等都在米兰设立了研发和销售基地。米兰理工大学在微波研究方面也很有历史。

2008 年夏天，原西门子微波专家 Ronato Lombardi 先生加盟了华为。他写了一篇名为《华为为我设立了一个研究所》的文章，介绍了他和华为之间的故事。

"组建华为研发能力中心的同时，华为面临的业务挑战也到了紧要时刻。2008 年 10 月，华为中标沃达丰项目后，产品的研发压力随之而来，客户要求几个月内通过 POC 准入测试……测试虽然磕磕绊绊，并没有 100% 完美，但在团队的紧密配合下，两周后我们通过了客户的验收。几天后，当时的固网产品线总裁丁耘来到米兰。我向丁耘解释为什么要在米兰测试，但还是有些担心，因为我'抄近路'，走了一些捷径。丁耘让我不要担心，他说，华为因为我，早就决定将测试放在米兰，而事情也证明，很成功。"

5G+ 微波成了一个新的技术卖点。5G 和微波结合后，提供的是超宽带。华为既有微波也有 5G，可以做深度融合。

2019 年，华为推出了"1+2"极简 5G 微波架构，通过技术创新，在实现大带宽的同时最大程度地降低了部署时的铁塔空间需求。

西方有大规模的别墅区，光纤入户成本太高，光纤铺设非常困难，维护成本也过于高昂。目前主要通过卫星来获得宽带服务业务的 SpaceX 也瞄准了这个市场。5G+ 微波的组合方式也可以成为一种选择，运营商采用大容量微波一跳到这里，再连接一个 5G 基站，每家每户都放一个客户前置设备（CPE，一种接收 Wi-Fi 信号的无线终端接入设备），这样家家户户就可以通过微波 +5G 来享受宽带服务了，成本可以大幅下降。

第 41 章

光传输与 IP 结合

随着互联网的发展，基于 IP 的业务蓬勃发展。

光传输部门挖来了数据通信人才，大大加强了基于 IP 的开发能力，系统可以直接上下各种基于 IP 的接口。MSTP（Multi-Service Transfer Platform）是指基于 SDH 平台同时实现 TDM、ATM、以太网等业务的接入、处理和传送，提供统一网管的多业务节点。这里光传输技术是主导，数据通信是配角。

数据通信部门不服输，也挖了光传输方面的人才，在交换机上直接出光口！

两个部门在城域传输网络这个市场里打得不亦乐乎。运营商得渔翁之利，经常故意挑起华为内部的斗争。后来华为将两个部门合并，这种"搏斗"才告一段落。

思科是做 IP 路由器和交换机业务的，现在居然也是全球最大的光传输厂家之一，也就是这个道理。

随着光纤的出现，电信网、计算机网和有线电视网三网合一的思路也被提了出来。一方面，是有线电视运营商（如歌华、天威）借助电缆调制解调器（Cable Modem）技术进入数据通信领域，另一方面则是电信运营商借助 IPTV 接入互动电视领域。IPTV 设备在整个生命周期里都不赚钱，但是撑大了带宽，对城域网和宽带接入的销售起到了积极的作用。现在很多家庭都装了"光猫"（光调制解调器，Modem），实现了光纤到户（FTTH），可以看纤毫毕现的超高清大片（8K）。新冠肺炎疫情期间，大伙儿的影视娱乐可一点都没有耽搁啊！互动电视现在也发展到了通过互联网向用户提供各种应用服务（OTT）阶段。

讲完了光传输，下面讲数据通信。

华为的数据通信业务几经风霜，历经草创、成立华为 3Com（H3C）并出售、思科官司、收购港湾资产、华为与赛门铁克的合资与收购、2011 年重建企业业务组（BG）、2014 年数据通信研发重回研发大平台等大事件。

第 42 章

CERNET 开启中国的信息高速公路

基于 IP 的数据通信（主要是路由器、交换机）改变了整个世界的通信方式。

1969 年，美国开发的 ARPANET 成为现代互联网的前身；20 世纪 80 年代，IPv4 成为互联网的网络层核心传输协议，第一个 TCP/IP 互联网正式诞生。

1993 年年初，时任美国总统克林顿提出建设信息高速公路的设想。半年后，日本决定建立全国高速信息网络。1994 年 2 月，欧洲也宣布建立自己的信息高速公路。当时的国际大环境，都是大力发展互联网。

当时的国家计划委员会"特急"批复了"中国教育和科研计算机网（CERNET）示范工程"建设项目。《CERNET：开疆拓土中国互联网》一文介绍了这个过程。1994 年，"中国教育和科研计算机网示范工程"项目正式立项建设。CERNET 由国家投资，教育部负责管理，清华大学等 10 所高校负责建设和运行。1995 年，该示范工程建成了 64kbit/s DDN 专线的 CERNET 主干网并投入运行，连接分布在 8 个城市的 10 个主干网节点，接入 108 所高校。

CERNET 是一个标志，每次经过清华大学大门口，都可看到挂着"CERNET"牌子的大楼，让我倍感亲切。今天再往回看，在这场信息高速公路和互联网的建设中，美国和中国成了最大的两个玩家，电子信息技术也成为中国的一面闪亮的旗帜。

清华大学校史馆内还有 CERNET 的介绍，让我颇多感慨。

1995 年，我在中山大学电子系读研究生的时候，有幸成为中国最早的互联网用户之一。《浪潮之巅》的作者吴军也是这个时候在清华大学触网的。

CERNET 标志

中山大学挑头建设了广州地区的网络，采用了光纤分布式数据接口（FDDI）技术。给我们上计算机网络课程的余顺争教授来自北京邮电大学，他在课堂上说："尽管 ATM 未来更有前途，但是还不成熟，所以选用了成熟的 FDDI 技术。"我们电子系的实验室近水楼台先得月，沾光第一批上线。我的同学古陶自己架设了一个后缀是"@xxx.zsu.edu"的电子邮件服务器，谁要就给一个电子邮箱，好不威风！

没有想到，因为思科的推动，IP 异军突起。中山大学的局域网没有多久就抛弃了 FDDI，拥抱基于 TCP/IP 的以太网设备。

当时的互联网业务有电子邮件、看网页（HTTP）、电子公告牌和论坛（BBS）、泥巴游戏（MUD）、FTP 文件下载等。

互联网的火焰从高校开始，在国内轰轰烈烈地燃烧起来了。中国电信随即开始了蓬勃发展的

水木清华 BBS

数据通信基础设施建设。1994 年，我的一个本科同学分到长沙邮电局搞电报业务，这让他一度很郁闷，但马上就变成搞数据通信了，这下就时髦了。

为运营商与政企用户提供数据通信基础设施，是思科和华为的数据通信与企业业务的方向。

网易的丁磊也是 1996 年玩 BBS 起家的。麻省理工大学毕业生张朝阳在 1998 年 2 月创办了搜狐，后来他在深圳做了一个报告，台下坐着一个年轻人，叫马化腾。1998 年 11 月，腾讯成立了。1999 年，阿里巴巴成立。2000 年 1 月，百度

成立。1999年，基于福建飞快的网速，一个年轻人开始了专门抢域名的生意，他叫蔡文胜。2000年，雷军创办了卓越网。2001年，张一鸣考入了南开大学，距离他2012年创立字节跳动还有11年。新浪的BBS论坛很有名，我是旅游版的常客。深圳的"磨房"也是BBS，创始人是华为的程序员陈伟峰。一些专业论坛一直很活跃，比如老杳吧（集微网）、EETOP（创芯网论坛）、C114（通信人论坛）等，行业人士可以检索到大量的资料。

2008奥运之年，中国网民数量首次超过美国，这是PC时代互联网的高峰。随着3G的兴起，移动互联网浮出水面，作为互联网基础设施的数据通信业务继续增长。

第 43 章

华为数据通信业务的起步

1997 年，我从中山大学电子系研究生毕业。当时除了中山大学这样的先进园区采用光纤 + 以太网，一般的企业和家庭基本上都采用拨号上网方式，可以提升的空间是很大的。

珠江三角洲地区经济发展较快，广东省通信管理局和广州市电信局搞数据通信的一些人就是我的学长，我也很容易地拿到了广州市电信局数据通信分局的录用通知，思考着要去哪里上班：机会多，充满着选择的痛苦。当时我年少轻狂、意气风发，一心期待玩点刺激的，不愿意待在体制内，于是南下深圳。

1996 年，华为在数字程控交换机 C&C08 上取得了很好的成绩，进入了大城市，如广州新市局，并开展了虚拟小交换机等新业务。

既然华为成了广东电信的核心伙伴，那就要一起追求技术进步。广东电信的数据业务发展很快，大家都是通过电话线拨号上网，但是传统的程控交换机不能处理 IP 业务，国外的接入服务器容量小、价格贵，还不能处理中国用的七号信令。

1998 年，华为和广东电信联合立项。华为方由负责程控交换机和数据通信的北京研究所一起来开发。北京研究所协议软件部的一批技术骨干到了这个项目组，交换业务部也来了人，组建了联合团队。

可想而知，华为的接入服务器在 C&C08 交换机的基础上增加了北京研究所先期积累的 IP 处理能力，实际上就是在 C&C08 的大机柜里加上一些处理 IP 的单板。这个单板成了后面的路由器的前身。2012 至 2013 年，我在企业 BG 里推动物联网时，就是在传统路由器上增加了用于物联与工业的物理接口和协议。

1999 年，华为 A8010 接入服务器在广州电信的机房里开局成功。在广东省邮电管理局推动这个事儿的一位中山大学电子系的学长来华为参观，对此成就很是洋洋得意。

后来，华为出了一笔钱买断了接入服务器的知识产权，并在国内推广，一度占到 70% 的市场份额。接入服务器开启了华为的数据通信业务。

研发数据通信，同时做 ATM 和 IP

1998 年，华为北京研究所成功研发出了一套通用路由平台（Versatile Routing Platform，VRP），这是一套基于 IP 的网络操作系统，底层基于美国的 VxWorks 实时操作系统。运行 VRP 操作系统的华为产品包括路由器、局域网交换机、拨号访问服务器（接入服务器）、VoIP 电话网关等。

于是华为成立了数据通信行销部，尝试扩展代理销售渠道，这也开启了华为的渠道业务。

记得当年，中国电信找到了华为，说有一家美国的网络设备公司（非 IP 路线）破产了，其在中国电信还有大量的网络设备，问华为是否可以维护，中国电信愿意出钱。经过仔细评估以后，华为表示没有办法做到维护他人设备；即使可以做，非主流路线做起来也很费事。

当时如日中天的电信设备供应商，如北电、朗讯等都在代理推广异步传输模式（ATM），在电信运营商中很有影响。

1996 年，华为的多媒体产品线也同时在研发 ATM，西安电子科技大学毕业的周代琪是创始人。我的同门师兄林春光 1996 年来到了华为，他是华为最早一批做 ATM 分组数据交换设备研究的开发人员，他后来曾担任总工。也就是那年，我读研期间来深圳专门看了他一次，那是我第一次到深圳，也是第一次到华为。

当时受西方传统电信设备商，如北电和朗讯的影响，国内的运营商大量上了 ATM，我记得华为最早的一台 ATM 设备用在贵州，随后，华为的 ATM 设备在中国联通的骨干数据网中获得了不少应用。

当时还有一个插曲。华为坂田总部基地最早建设的数据网络采用的 ATM 交换机是西方公司的设备，每次有客户问起，基地的人只好老实承认：内部 IT 部门也是客户，是独立决策的。

ATM 开发有贡献

ATM 技术本身输给了 IP 技术，但是华为在 ATM 设备上的投入获得了很好的回报。

首先，正是在 ATM 设备上，框式架构的高速背板技术一举搞定，为后来华为基于 IP 的高速数据通信设备奠定了深厚的技术和应用基础。换句话说，华为如果没有在 ATM 上抢了联通骨干网的机遇锻炼自己的能力，IP 上当时是难以做大的。

其次，为客户在家里上网用的 IP-DSLAM（DSLAM 中文的意思是数字用户线路接入复用器）业务奠定基础。最早的拨号上网技术速率非常低，而非对称数字用户线路（ADSL）依然采用电话线（双绞线），但是速率大大提升。港湾网络研发了基于 IP 的 DSLAM 产品，这是一种基于 ADSL 的综合接入设备，价格便宜，销售给运营商，港湾网络迈出了第一步。阿尔卡特的 IP-DSLAM 在西方世界也发展得非常快。

华为在这个领域推出了 ATM-DSLAM 产品，卖得比较贵，一下子被冲击了一个措手不及。随后华为迅速跟进——无论是技术还是价格——才最终稳住了阵脚。华为迅速将 ATM 的信元交换转变成 IP 的包交换，二者成本和技术上的差别并不大。但是华为在定价策略和商务策略上进行了转变，也就是大幅降价。当时有个故事，上海电信要买华为的 DSLAM 设备，开了个超低价，华为坚持不卖，结果半年不到，市场价格暴跌。通信产品一旦放量，价格很容易大跌，这样的故事太多了。

最后，ATM 对华为的移动通信的影响也很深远。

世纪之交，早期的 3G 标准，无线侧是基于 ATM 架构的，华为的 3G 基站在 2008 年实现 SingleRAN 之前都是基于自己的 ATM 架构。

ATM 和 IP 进行竞争

传统的实力大厂，如朗讯、北电等推广的 ATM 最终都失败了。ATM 面向连接，设计了精巧、严密、稳定的网络方案，可控性、可管理性都做得非常好，但其致命的缺点就是过于复杂，难以实现，代价高昂。

1998 年，北电的罗世杰大手笔并购，并将公司的名称由 Northern Telecom 改为 Nortel Networks，中文也从北方电讯改成了北电网络。

百年老店北电是大公司，主攻的是技术复杂、可以很好保障 QoS 的 ATM 路线，尽管其也有 IP 技术。

IP 技术完全相反，不面向连接，通过 IP 包查找路由表寻址，尽力而为。网络就是要做到尽量无错传递而已，建设起来简单粗暴，容易实现。大家上网、看邮件本来就可快可慢。

尽力而为的英文是 best-effort，我曾经在一次技术汇报中说成"try your best"，被客户方的澳大利亚顾问当场纠正。

当年思科还是年轻的创业公司，主攻简单的 IP 路线，能做多好就做多好。要想保障质量，就尽可能加大带宽，这被证明是最现实而且经济的解决方案。

这是两条路线的标杆们的竞争，最终的结果大家现在都知道了。ATM 被 IP 打败了，ATM 也被戏称为 Another Technological Mistake（另一个技术错误）。

造化弄人。ATM 是面向连接的技术，而 IP 汲取了 ATM 的优点，演绎出了多协议标签交换（MPLS），也是面向连接，通过标签进行交换，由信令建立标签交换通道（LSP），虚拟专用网络（VPN）也因此而来。

第 44 章

ICT 领域黑马频出

从 IP 技术胜利的那一刻起，传统的通信学科就已经不存在了，计算机领域的思想大量入侵通信领域，导致了通信计算机化。通信专业的学生也需要学习越来越多的计算机知识，甚至很多大学把通信和计算机系划为一个学院。传统的程控交换机逐步演变为软交换架构，又逐步演进为 IP 多媒体子系统（IMS）架构，硬件都是基于各种服务器了。

IP 技术的胜利导致了一个致命的后果，就是运营商沦为管道商，而腾讯等互联网企业迅速崛起。我们现在可以轻松地用微信进行基于 IP 的语音和视频通话，电话号码簿慢慢地被微信通信录替代。

实际上，数据通信上输给 IP 而式微的技术，除了 ATM，还有 FDDI、令牌环网（token ring）、X.25、帧中继（frame relay）等。20 世纪 90 年代，多种技术百花齐放，不过，我还没来得及学会，不少技术和提供这些技术的公司就都消逝在历史长河里。

5G 引入了切片技术，可以实现端到端的 QoS 保证，并为要求严苛的工业互联网业务提供低时延、高可靠的带宽，我也从中看到了 ATM 当年的影子。合久必分，分久必合。

第 45 章

华为企业 BG 的成立与突破

值得特别说明的是，华为和 3Com 的合资公司研制的是企业级的数据通信产品。针对电信运营商使用的电信级数据通信产品的研制工作一直在华为母体中持续进行。

2011 年，华为与 H3C 的 5 年竞业期禁止结束，华为企业级的数据通信产品重出江湖。华为通过收购华赛，使其分销的市场渠道体系也得到了沿用。

2011 年初，华为成立企业业务组（BG），与运营商 BG 和消费者 BG 共同组成了其三大业务架构。

徐文伟担任企业 BG 首任总裁。他常在最需要的时候出任关键职务，比如 2005 年去欧洲。

徐文伟于 1991 年来华为从事研发工作时，就是做用户机 HJD 48 的底层设计，也是面向企业的。20 年兜兜转转，他又回到了企业这个方向。

新成立的企业 BG 包括了 4 条产品线。

1. 最核心的产品是企业数据通信产品（路由器、交换机等）。物联网业务从此诞生，我对此有大的贡献。

2. IT 产品（来自软件公司的服务器、来自华赛的存储业务等），以及由其发展而来的云计算业务。

3. 统一通信与协作（UC&C）产品，来自软件公司 UC&C 产品线（包括 UC、VoIP、视频监控等），以及终端公司的会议电视/智真。

4. 企业无线，用于行业的无线产品，与鼎桥公司有合作关系。

2014 年之后，企业 BG 主要作为面向企业的定制开发、市场和销售窗口，数据通信研发回归了公司大平台。

数据通信取得市场突破

众所周知，数据通信是企业业务最核心的产品，思科就是从数据通信出发拓宽产品范围的。

如果数据通信业务做不起来，华为企业 BG 就可以宣告失败了。

起步并不容易，企业级产品因为与各行各业的密切结合，所以具有鲜明的行业特征，需要开发大量的行业特性。而且当时市场中已经有一堆国内外的友商，企业和行业市场也已经基本饱和了。

2013 年 6 月，斯诺登事件暴露的棱镜计划（PRISM）让人们发现，原来信息如此不安全。

中国为比成立了中央网络安全和信息化委员会。网络空间是主权国家在领土、领海、领空和太空之外的"第五战略空间"。

政府等公有实业因此对国产设备进行了倾斜，这导致思科和 H3C（当时是惠普独资，后来为紫光控股 51%）的销售收入剧烈下滑，华为、中兴、锐捷等国内企业的收入急剧上升。

那一年（指 2013 年）的上半年，中国区企业业务还很难开展工作，到了下半年，恰似天上掉了个大馅饼，业绩狂飙，华为的数据通信设备也就成功地突破了各行各业。

一 华为率先推出基于 NP 的敏捷交换技术

Kalpana 公司在 1989 年发明了第一台以太网交换机，以太网从"共享式"集线器（Hub）步入了"交换式"时代。转发引擎 ASIC 芯片主要的供应商有博通、Marvell 以及盛科等。

ASIC 的价格相比其他技术产品（如 CPU、DSP、FPGA 等）是最低的，其最大限制是没有办法灵活编程，用户只能是有什么功能用什么功能。

随着云计算、大数据、移动性、多业务承载、物联网等新 IT 趋势的不断推进，它们对网络的影响越来越大，企业网交换机面临的需求经常发生变化，交换机也需要能快速地发生变化。

软件定义网络（SDN）以不可阻挡之势冲击着现有网络架构。SDN 本身也要求下一代交换机必须具备完全可编程能力，确保网络能够平滑向 SDN 演进。

网络处理器 (NP) 技术应运而生。NP 可通过开发软件随需而变，可以适应网络发展，保护用户投资。当然，NP 的价格会高过 ASIC，但是在高端交换领域，价格并不是最重要的因素。

2001 年，华为使用 NP 推出了第一代核心路由器 NE 80，是第一个在 IP 设备上使用 NP 实现敏捷交换的厂家。华为推出 NE 80 后，在 2001 年联通测试中，性能等拿了第一，当时思科 GSR 12000 系列那一代还无法做到全线速。

瑞典有一家做 NP 的公司 Xelerated，曾是华为 NP 的唯一供应商，华为也是其最大的客户，占比 90%。这样的供应商结构一直让华为高度紧张。Xelerated 最终卖给了硅谷的芯片巨头 Marvell。

2003 年 6 月 10 日，华为的美国子公司 Futurewei Technologies 收购了 NP 厂商 Cognigine。

华为后来在加拿大和硅谷同时启动了 NP 的开发，内部博弈，最终渥太华团队胜出。ENP 是以太网络处理器的英文缩写，是专门为以太网交换机设计的网络处理器。ENP 芯片的英文名字叫 Transformers（变形金刚）。

华为带动了 NP 的技术潮流，现在业界的核心路由器厂家基本上都采用了 NP 作为主转发引擎之一。

SDN 的挑战与机遇

SDN 实现了转控分离，即通过 SDN 控制器来实现集中的网络智能控制，并通过北向 API 来提供快速的应用迭代开发。

SDN 研发人员的愿景是塑造一个没有供应商锁定（Vendor Lockin）的开放新世界。厂家通过标准化硬件的接口，将网络设备的硬件和软件分离，客户可以从 A 厂商买硬件盒子（俗称白盒子），从 B 厂商买软件或自行裁剪开源软件系统安装在 A 厂商的盒子上，组装出可运行的设备。

一句话：大力推行 SDN 的最初目的，是解除华为和思科等大公司对网络市场的垄断。

那思科和华为这些厂商又如何应对挑战呢？

理想和现实在相互妥协。随着产业界的博弈，所有通过集中的软件来实现业务发放的系统都被称为 SDN。华为 SDN 战略使得传统厂家依然在运营商的网络结构中占据了最重要的地位。新生的白盒子厂家获得了市场进入许可，但份额有限。

云计算给网络设备带来了真正深刻的改变。

2020 年第一季度，全球以太网交换机和路由器市场的收入下降到了 7 年来的最低点，一方面是疫情原因，另一方面也是云计算带来的改变。以前企业要在自己公司里部署复杂的 IT 系统，未来则可更多地借助云计算。

数据通信和光传输在数据中心得到了融合，云计算提供者突然成为巨大的采购方，而企业内部的数据通信设备则在采购量上有所下降。

第 46 章

物联网与连接卫星实现"全连接"

华为希望能"连接一切",构造如"太平洋"一样宽广的管道。

传统通信产业连接的主要是电话、PC,以及背后的人。

物的数量当然多得多,物联网(IoT)大有可为。

中国物联网其实起源于很久以前

对于标准的通信管道业务,华为 2005 年 3 月开通的大秦线 GSM-R 系统承载了无线列调任务,不仅提供对讲(服务人),也提供数据通信的管道(可以服务于列车的管理和控制)。2019 年 8 月,华为方面与国家能源集团交流,得知其下辖的朔黄铁路不仅采用了 GSM-R,还采用了宽带 LTE-R 系统用于无线列调。

就整个物联网系统而言,20 世纪,以华为电气、中兴力维、高新兴等企业为运营商做的动力与环境监控系统,就是标准的物联网系统。华为在其中还嵌入了可选的视频监控业务,是华为安防业务最早的雏形。2001 年,华为电气整体出售给了艾默生。

我对物联网最早的理解,是在海外卖基站期间获得的。基站集成了一个艾默生的环境监测单元,可以监测无人值守机房(或者 Shelter 集装箱)的温度、湿度、水浸、烟感、门禁、红外、蓄电池状态等数据，采用开关量（0 是正常，1 是故障），通过操作管理单元（OMU）上报。如果某个基站出现异常，在中心机房的网管上就可以看到这个基站的图标变成了红色，点开就可以看是哪个监测量报警了。2004 年在印度尼西亚工作期间，后台经常收到误报警，我找艾默生在印度尼西亚的负责人代新社去请了戴传友博士过来，搞了场"三戴会审"，发现是当地的盐雾比中国大很多，设备被腐蚀，后来的环境监测单元就在设计上提升了对盐雾的耐受度。

华为以华为园区为客户，发展出物联网业务

2010 年，在企业发展部工作时，我就深入研究物联网，总结出它的 3 个特点：一、不是传统的透明通信管道产品；二、不是封闭系统，面向开放应用；三、有增量市场的机会。

我最初想和一家大型企业合资搞智能电网，然后联合收购一个小型的公司作为起步，老板最终也同意了，但是功败垂成。

不过也并非毫无收获，我联系到去江苏和浙江参观的机会，于是陪着从事数据通信研发工作的李先银一行去取经。陈堂在舟山为我们进行了介绍。

参观舟山电网，左四李先银，左五顾问陈堂（戴辉摄）

我写过一封长信给郭平和徐直军，我认为整个物联网的未来很有前途，希望他们给我机会继续努力。

2011年是华为再造企业业务的首年，再次开始内部创业的征程。以前销售策略部的同事袁萍于2011年初参与了企业BG的筹备。我于2011年底，赶在企业BG成立的首年，加入了张顺茂先生的解决方案和营销部门，直接主管则是曾一起去江浙调研过智能电网的李先银。企业BG的首任总裁徐文伟对新业务如物联网等挺有热情。

解决方案和营销部门最重要的工作就是构筑针对行业的解决方案。我的角色是业务发展（BD）经理，和合作伙伴共同发展解决方案。这是我在华为最后的岁月，当了两年骨灰级的老专家。

华为曾投资的润和软件，通过软件外包方式，获得了物联网数据采集平台的基础设计和参考代码。

有了技术，还要有应用场景才能使技术成熟。我有一天突发灵感，能不能从华为自己的园区开始？于是陆震做了一套园区综合信息采集的PPT。

基建部的木斌安排企业BG团队见了和蔼的任树录先生。2001年，新德里举办印度展，我挺晚才从斋普尔赶到酒店，客户工程部负责人任树录先休息了，为我留了门，当时华为规定是两人住一间房。

我们自信地推销多么厉害的综合信息采集以及智能化的解决方案，希望能服务于杨美村员工宿舍7000个房间的水、电、气、门禁、安防等。

任树录哈哈大笑："这是好东西啊，我们要！"然后他又神秘地一笑笑，说，"这不是左口袋卖给右口袋吗？我支持你们！"我们这辈子见的客户里，还没有这样爽快的。

英国电信（BT）曾来华为视察华为的社会责任指标，内部服务部同事找到我，让我去汇报如何通过智能化物联方案来精确控制能耗。

我说："华为的老建筑，很多是模拟线路，正在改造。"BT的人问我："你们的老建筑多少年？"我说："20 年。"对方哈哈大笑："我们英国的建筑，没有几百年历史，哪里敢说老！"

华为"敏捷物联网关"从此进入了市场。工业以太路由一体机提供了物联需要的各种物理接口，也处理了包括 Modbus（一种串行通信协议）在内的各种工业协议。还有一个数据收集平台（DCP），卖硬件送平台软件。上层应用则由集成商来负责，可以构成各种丰富多彩的应用。

2014 年，敏捷网关、DCP 和表计（如电表）在全球获得了二三十亿元的收入，这是华为在物联网领域的第一个爆品。

从智慧园区又扩展到了智慧城市

2013 年，在有关行业解决方案的会议上，我率先汇报了智慧城市的议题，并建议以公司园区作为样板。

当时有人指出智慧城市是个筐，什么都可以往里面装。因此，我的提案被搁置了。

人算不如天算，智慧城市的滚滚浪潮不期而至。

故事还没有结束，我在离职之后居然还帮华为牵线做了一个物联网项目。

2014 年，企业 BG 成为窗口单位，研发工作调回公司大平台。

2014 年，张顺茂（阿茂）调任公司大平台产品解决方案部负责人，开始大做物联网，产品范围和销售渠道也大大拓宽，将系统设备（光传输等）、海思物联芯片、LiteOS 操作系统等组织为综合解决方案，当然还少不了华为无线产品线大力推广的 NB-IoT。

2014 年 11 月，我在北京。陆震到传媒大学找我聊以前我们讨论过的全光网方案。物联网战友情，难相忘！我说好啊，帮你牵线一个应用场景！湖南长沙房地产公司采用了华为的全光解决方案，中国最早的地产"全光网"在长沙诞生！10 多套弱电和控制信号，通过一套光传输系统跑，再也不用铺上多套线缆了。每家每户的宽带也通过这套统一系统的接入，可以自由选择移动、电信、联通的服务了。

2017 年，轮值 CEO 郭平演讲时说，华为的园区业务要统统上云。物联网云化也成为一个技术趋势。

5G、NB-IoT、Lora、Wi-Fi 6、工业以太等各种连接技术的发展，对物联网都有着巨大的推动作用。

适配卫星通信补齐"全联接"的最后一环

2016 年 8 月 31 日至 9 月 2 日，由华为举办的华为旗舰大会——"华为全联接大会"在上海举行（"联接"同"连接"）。这是华为第一次以此主题开大会。从此，华为每年都召开"全联接大会"。

卫星通信是华为"全联接"历史上最后补充的环节。

1962 年 7 月 10 日，贝尔实验室与美国国家航空航天局（NASA）合作，成功发射了世界上第一颗有源通信卫星"电星一号"（Telstar I），开启了现代通信时代。我访问诺基亚贝尔实验室时，接待员特意提醒我关注展厅屋顶悬挂的备份星。贝尔实验室于 1954 年发明的太阳能电池为该卫星提供了电源。人类首次通过卫星传输了第一帧电视画面，跨越大西洋实现了电视信号直播。"电星一号"是非同步卫星，所以当卫星绕到地球那一边的时候，接收端就收不到信号了。

美国电影《飞行家》讲述了飞行家霍华德·休斯的故事。1963 年美国发射的休斯公司制造的 Syncom 2，是世界上第一颗地球同步通信卫星，可以持续通信。

小时候，我在糊墙的报纸上看到过"东方红一号"几个字，那就是两弹一星的"星"了。"东方红一号"于 1970 年发射，因为它没有太阳能电池，所以只能用蓄电池。"东方红一号"只工作了 28 天，但直到现在它还在天上流浪，当然已经无法控制了。小时候，我也曾仰望星空：它在哪里？

"东方红一号"发射成功的新闻

1996 年年底,我收到了深圳一家 VSAT 卫星通信公司的录用通知,当时这家公司效益很好,开出了诱人的条件。1997 年 9 月我毕业来报到的时候,公司却没有办法兑现承诺了,因为效益已经急剧下降。短短一年,天上地下,为什么?

BB 机火爆的时候,寻呼信号通过卫星被传到全国的寻呼台,可以实现全国同步寻呼,不管被叫在哪个城市都能收到。

1997 年,光传输、程控交换、移动通信大发展,寻呼业务与卫星通信迅速式微。

2001 年,我来到了柬埔寨。这里的 Camshin 是一家移动运营商,由泰国卫星运营商 Shinawatra Satellite(现更名为 Thaicom)投资。柬埔寨不少偏远地区的基站都采用了卫星和微波的回传技术,华为的基站连上卫星之后就不工作了。经过研究才发现,卫星有较大的时延,基站和基站控制器(BSC)之间的握手信号不能适应,在预定的时间里收不到握手信号就认为已经断链了。技术人员调整了相关的窗口时间之后,信令就正常了。

我去了泰国 Thaicom 总部,顺便参观了展厅。Thaicom 拥有全球第一颗基于 IP 的卫星(ipstar),命名为 Thaicom4。ipstar 卫星由美国劳拉公司研制,采用 LS-1300S 卫星平台,重约 6.5 吨,设计寿命 15 年,功率 14 千瓦,于 2005 年 8 月 11 日由法国"阿丽亚娜 5 号"火箭发射升空。

ipstar 卫星的总带宽可达 45GB。这一点的最大好处是可以为用户提供动态的带宽容量。直到今天，ipstar 依然还在天上为人类服务。

2007 年，我去了赞比亚的一个森林，度假村的小伙子就架设了一口锅，通过卫星进行 IP 连接，采用电子邮件和短信来接订单，使用的流量不大，但是效率很高。

华为一直没有做卫星通信，但不意味着不与卫星通信公司合作。

华为的通信设备可以与卫星通信设备以及卫星自身构成联合解决方案，为偏远地区服务。

这个解决方案是我领导构筑的，我将企业 BG 所有的设备都与卫星拉通，相关解决方案（包括测试结果）全部在华为官网公示了出来，合作的公司有 Comtech、iDirect、Gilat 等，中国三大运营商、PCCW、BT、FT、Speedcast 等卫星服务公司，也在探索与国内的合作。

2013 年 11 月，华为企业业务营销与解决方案部总裁张顺茂与 iDirect 亚洲总裁 Tom Cheong 举行高层会谈，签署合作谅解备忘录（MOU），奠定了双方的合作战略。

后排的闪亮光头就是作者本人

高通量卫星利用类似移动蜂窝通信这样的原理，传输速率可达几十吉比特每秒到上百吉比特每秒。高通量卫星都是高轨道的地球同步轨道（GEO）卫星。上面提到的 ipstar 卫星是全球第一颗上天的高通量通信卫星。传统通信卫星传输速率不到 10Gbit/s。

2018 年 1 月 23 日，我国首颗高通量通信卫星"实践十三号"在轨交付，正式投入使用。"实践十三号"卫星投入使用后，将被纳入"中星"系列，命名为"中星十六号"卫星。

除了 GEO 卫星之外，我也率先组织了华为与中轨道卫星互联网星座 O3b 的交流与对接测试。最近大火的 SpaceX，则研制的是一种低轨道的卫星互联网。两者有类似之处。

2020 年 1 月 16 日，银河航天发射了中国首颗通信能力达 10Gbit/s 的低轨宽带通信卫星，它也是全球首颗低轨高频毫米波卫星。

未来的 6G 还是以地面移动通信为主，但会引入近地卫星通信作为有益的补充。我们注意到，华为、中兴、震有科技等基础通信设备提供商都参与了相关的工作。

后记
AFTERWARD

我效力华为逾 16 载（1997—2014），度过千禧，走过亚非拉欧，也亲历了互联网泡沫破灭以及全球金融危机。八年海内外一线，八年战略与发展，与研发人员"同过窗"，和服务人员"下过乡"，更有幸随三位轮值董事长"扛过枪"……离开华为后的七年里，更是浪迹于这缠绵悱恻的ICT（信息通信技术）江湖。

人类文明中的很多创新都来自通信产业，无数天才与普通人的前仆后继，才让我们今天的生活如此丰富多彩。

贝尔实验室（孕育出朗讯）伟大科学家的故事耳熟能详；摩托罗拉的射频和高通的编码贡献卓著；思科"尽我所能"的IP思路扩展了互联网；爱立信和诺基亚推广的GSM让普通人也触手可及；北电在光传输上引领全球；预付费模式让中国移动成为全世界最大的运营商并拯救了中国互联网产业；联发科、展讯开启了"三个人做GSM手机"的时代；中兴创业系在手机设计上异军突起；乔布斯重新定义的智能手机与应用市场一起改变了我们的生活；WiMAX倒逼基于LTE的4G技术加速落地；Arm+Android路线开启了伟大的中国品牌智能手机产业；以华为为代表的中国力量在5G时代首次进入核心编码领域……

2016年的耶路撒冷之行让我的人生观产生了微妙变化——人生苦短，想干啥就干点啥吧。

2017年9月，《戴辉：我所知道的李一男》一文中提到了华为的GSM往事，发表在当时并没有几个人关注的个人公众号"最牛博弈"上。没想到，火了！

又过了些天，在海景酒店奇迹般地分别偶遇了当年做GSM业务时的老领导李祥庭和宋联忠。忆往昔峥嵘岁月稠，有感而发写了《华为的"长征"：生死存亡500

天》，讲述了华为从 1997 年在伊克昭盟（现鄂尔多斯）开实验局，到 1999 年在福建的 GSM 核心网项目上取得巨大成功的艰苦征程——国产移动通信设备的时代来临了。

2017 年年底，《上观新闻》的记者王海燕在报道大企业离职员工创业故事系列——华为离职江湖，老友陈国龙介绍我去和她聊聊。在灯红酒绿的大上海，我们就着咖啡聊了两个钟头，她觉得我能将科技故事讲得通俗易懂，于是她写了一篇《这位华为工作 16 年的老兵，当年在菲律宾拿下马尼拉五千万美金项目》，"科技老兵"的头衔也由此而来。

2018 年，爱集微老杳和编辑陈冉找我挖掘海思的故事，还说保证我成为科技网红！随后，我在爱集微一口气发了四篇关于海思成长的科技文章，如《华为的芯片事业是如何起家的？》等，引起了广泛的关注。

就这样不知不觉地，我开启了职业写作生涯，回顾电子信息科技发展的过往，并用文字描绘未来。

感谢众多媒体和自媒体朋友的厚爱，我的文章得到了很多的转载。

迄今为止，我发表的文章涉及了如下领域。

- 华为的无线、手机、光传输、操作系统历史；海思芯片历史（第一颗芯片、安防芯片、机顶盒芯片、麒麟芯片）；华电－艾默生创业系历史……

- 电子管起源、中国手机（步话机）起源、中国操作系统全览、无线标准史、通信与计算机融合史、卫星互联网史、云办公史、上海无线和芯片发展史、中国电话和芯片史、观影史、电动车史……

我亲身经历了的 3G 业务磨难，提出 "5G 若要成功，一定要尽快有千元机" 这个观点，瞬间与业界人士产生了共鸣。2019 年最后一天，小米（采用高通芯片）推出 1999 元的 5G 手机，瞬间点燃了千元机市场。

坊间关于华为的书籍可谓汗牛充栋，我却一直没有看到一本书能系统地回顾华为科技事业的成长。我觉得自己有责任来完成这样一个记述，我为此一直在努力创作,并经历了巨大的波折。该来的早晚会来,终于,她来了!

做什么都要付出代价。大家都有腰间盘,就我的格外突出,令我动弹不得,两次。

我的太太一直无怨无悔地在支持我,我们的父母一直为我们操心,我们还有两个可爱且努力的女儿——朵朵和旦旦——我爱你们!

真挚感谢人民邮电出版社的编辑——俞彬和赵轩——付出的巨大努力。没错,他们就是吴军《浪潮之巅》的出版团队。

很多认识和不认识的朋友提供了大量有价值的信息,在此深深致谢。错漏之处,敬请提出,我们将在下一版中做修正。联系方式:daihuichina@qq.com。

最后,以"诗"感谢亲爱的读者们,包括正在看这本书的您:

携书弹剑走黄沙,

谁负谁胜天知晓;

江山笑　烟雨遥,

红尘俗世几多娇!